F O L I O T H È Q U E

collection dirigée par

Bruno Vercier
Maître de conférences
à l'Université de
la Sorbonne Nouvelle — Paris III

Jean-Paul Sartre

Les mains sales

par Marc Buffat

Marc Buffat

présente

Les mains sales

de Jean-Paul Sartre

Gallimard

Marc Buffat est maître de conférences à l'Université de Paris VII où il enseigne la littérature et le cinéma.

Le dossier iconographique a été réalisé par Nicole Bonnetain.

SIGLES ET ABRÉVIATIONS
UTILISÉES

M.S.   Jean-Paul Sattre, *Les Mains sales*, Paris, Galli-
          mard, coll. Folio, 1971.
T.S.   Jean-Paul Sattre, *Un théâtre de situations*, Paris,
          Gallimard, coll. Idées, 1973.
F.C.   Simone de Beauvoir, *La Force des choses I*, Paris,
          Gallimard, coll. Folio, 1972.
E.S.   Michel Contat et Michel Rybalka, *Les Écrits de
          Sartre*, Paris, Gallimard, 1970.
          Les numéros des tableaux seront donnés en
          chiffres romains, ceux des scènes en chiffres
          arabes, les références étant le plus souvent abré-
          gées ainsi : T. III, sc. 1. (par exemple).

INTRODUCTION :
LA LANGUE
THÉÂTRALE

« *Il faut vous dire que j'écris finalement en
tant de langues que des choses passent finalement de l'une à l'autre. J'écris en prose, j'écris en
philosophie, dans la langue théâtrale, etc.* »

(*Situations IX*, p. 81).

La vocation théâtrale de Sartre fut,
semble-t-il, précoce. Au gré des souvenirs
et des interviews, il évoque telle ou telle
production d'enfance ou de jeunesse. En
quatrième ou troisième, il rédige le début
d'un livret d'opérette intitulé *Horatius
Coclès*. A l'École normale (à moins que ce
ne soit au service militaire ; le souvenir,
parfois, se brouille), c'est *J'aurai un bel
enterrement*, pièce en un acte, d'inspiration pirandellienne. Au service militaire, à
coup sûr cette fois-ci : *Épiméthée*, pièce
dans laquelle Prométhée, l'artiste soli-
taire, est opposé à Épiméthée, l'ingénieur,
homme moyen. Toutes ces pièces ou
ébauches, et sans doute un certain
nombre d'autres, ont été perdues. La première qui nous reste date de 1940. Prisonnier au Stalag XII D à Trèves, Sartre écrit
pour ses camarades, à l'occasion de la fête
de Noël, *Bariona ou le Fils du tonnerre*,
« mystère » pour célébrer la nativité. Bien
qu'il s'agisse d'une œuvre d'ama-

teur on considère qu'elle constitue le début de sa carrière dramatique. La suite est connue. De 1943 à 1948, l'activité de Sartre en ce domaine est intense. Il écrit cinq pièces dont il suit de près la mise en scène : *Les Mouches* (1943), *Huis clos* (1944), *La Putain respectueuse* et *Morts sans sépulture* (1946), *Les Mains sales* (1948). C'est l'époque où il découvre la valeur de l'action collective et la problématique de la liberté en situation. A partir de 1948 sa production théâtrale est moins abondante : *Le Diable et le Bon Dieu* (1951), *Nekrassov* (1955), *Les Séquestrés d'Altona* (1959). Il adapte *Kean* d'Alexandre Dumas (1953) et *Les Troyennes* d'Euripide (1965). D'autres langues semblent désormais mieux lui convenir.

Pour comprendre le sens profond de cet usage de « la langue théâtrale », il faut revenir à *Bariona*[1]. Écrite et mise en scène par un prisonnier, interprétée par des prisonniers, l'œuvre s'adressait à des prisonniers : « Sans doute la pièce n'était-elle ni bonne ni bien jouée : c'était un travail d'amateurs diraient les critiques, le produit de circonstances particulières. Cependant à cette occasion, comme je m'adressais à mes camarades par-dessus les feux de la rampe, leur parlant de leur condition de prisonnier, quand je les vis soudain si remarquablement silencieux et attentifs, je compris ce que le théâtre devait être : un grand phénomène collectif et religieux[2]. » C'est

1. Voir Dossier, p. 219.

2. *T.S.*, p. 62.

cette dimension communautaire du théâtre — il évoque une situation commune à l'auteur, aux acteurs et aux spectateurs, réalisant ainsi leur unité — et son corollaire : l'aspect mystique de l'action présentée, qui intéressent Sartre et caractérisent toutes ses pièces. Que ce soit sur le mode franchement « mythologique » ou de façon apparemment plus réaliste il s'agit toujours d'associer mythe et quotidien. *Huis clos* en est peut-être l'exemple le plus net qui place l'Enfer dans un salon Second Empire.

Soulignons, avant d'aborder *Les Mains sales*, une autre dualité de ce théâtre. On a souvent remarqué — parfois pour le lui reprocher — qu'il s'agissait d'un théâtre « à effets ». On a noté ses affinités avec le mélodrame, le vaudeville, voire le Grand-Guignol. On a mis en avant son recours aux procédés les plus éculés (suspense, effets de surprise, coups de théâtre, personnages ou objets cachés, secrets longtemps dissimulés, etc.). Par l'importance accordée aux gestes — souvent un meurtre ou une tentative de meurtre —, aux objets, aux bruits, il viserait à « choquer » le spectateur et nous aurions affaire à du théâtre « à l'estomac ». La présence de scènes de torture dans *Morts sans sépulture* suscita de vives protestations et nous insisterons plusieurs fois, dans les pages qui suivent, sur le caractère « physique » des affrontements dans *Les Mains sales*.

Et pourtant ! On a beaucoup accusé ce même théâtre d'être sans épaisseur maté-

rielle, de ne faire que traduire la philosophie de Sartre (et à lire certains commentaires, tout se passerait, en effet
entre l'En-soi, le Pour-soi, le Pour-autrui
et autres ek-stases temporelles), de ban-
nir l'émotion et d'être somme toute
d'une grande froideur. Sartre lui-même
fait de la distance et de l'irréalité deux
traits propres au théâtre (par différence
avec le roman et le cinéma). Il revient
plusieurs fois sur le caractère modéré de
l'émotion qu'on y éprouve et en une
belle formulation, cerne l'inexistence qui
le constitue : « ... l'événement représenté
dénonce lui-même son *absence*[1] ».

1. *T.S.*, p. 82.

Nous voilà donc avec deux « visions »
du théâtre sartrien : un théâtre de la
proximité et un théâtre de la distance ;
un théâtre du contact (du toucher) et un
théâtre de la séparation (de la vue) ; un
théâtre de la présence et un théâtre de
l'absence. Sa valeur tient à ce qu'il les
combine (les synthétise) : la représentation concrète de la vie et les notions philosophiques, les actes physiques et le dialogue sont indissolublement liés. Voici
des propos de Sartre qui disent fort bien
cette alliance : « Aujourd'hui je pense
que la philosophie est dramatique... Il
s'agit de l'homme — qui est à la fois un
agent et un acteur — qui produit et joue
son drame en vivant les contradictions
de sa situation jusqu'à l'éclatement de sa
personne ou jusqu'à la solution de ses
conflits. Une pièce de théâtre (épique —
comme celles de Brecht — ou drama-

tique) c'est la forme la plus appropriée aujourd'hui pour montrer l'homme *en acte* (c'est-à-dire l'homme tout simplement). Et la philosophie, d'un autre point de vue, c'est de cet homme-là qu'elle prétend s'occuper. C'est pour cela que le théâtre est philosophique et que la philosophie est dramatique[1]. »

Essayons de percevoir dans *Les Mains sales* cette union de la philosophie et du drame.

1. *Situations IX*, Paris, Gallimard, 1972, p. 12-13.

I

POUR COMPRENDRE

Hugo Barine, jeune militant communiste d'origine bourgeoise, se propose pour assassiner Hoederer, l'un des chefs du Parti, qui conduit une politique d'alliance avec les forces conservatrices, considérée, par ceux qui s'y opposent, comme une trahison. Accompagné de sa femme Jessica, il est introduit auprès de Hoederer comme secrétaire. Après plusieurs jours d'atermoiements, il est sur le point de se laisser convaincre par celui-ci du bien-fondé de sa politique, lorsqu'il le surprend embrassant Jessica. Estimant avoir été joué, il l'abat. Après deux ans de prison, il se retrouve chez les militants qui l'ont chargé de l'assassinat. Leur ligne politique a changé, ils ont adopté celle qui était préconisée par Hoederer.

Sommé de choisir entre l'alignement et la mort, Hugo choisit la mort.

Ce résumé suit l'ordre chronologique des événements, ce qui n'est pas le cas de la pièce elle-même. Divisée en sept tableaux, les tableaux I et VII se situent dans le présent et sont l'occasion d'un retour en arrière qui évoque le meurtre de Hoederer de sa conception à son exécution (tableaux II à VI). Nous avons affaire à du théâtre dans le théâtre.

Si nous reprenons l'ordre chronologique et examinons comment le découpage en tableaux regroupe les événements, nous obtenons ceci :

Tableau II : Hugo est chargé de tuer Hoederer.

Tableau III : l'arrivée chez Hoederer ; installation et premières rencontres.

Tableaux IV, V, VI. Ils correspondent respectivement à la négociation entre Hoederer, Karsky et le Prince Paul ; au « débat » entre Hoederer et Hugo ; au meurtre de Hoederer. Mais le plus important est de noter qu'ils constituent une unité temporelle (un jour, une nuit et le lendemain).

Tableaux I et VII : la soirée chez Olga et la mort de Hugo.

La pièce distingue donc quatre grands moments entre lesquels s'écoule un temps plus ou moins déterminé. Entre T. II et T. III : temps indéterminé, entre T. III et T. IV : huit à dix jours ; entre T. VI et T. I : deux ans.

II CONTEXTES

Si l'on en croit Simone de Beauvoir, c'est à La Pouèze, propriété angevine d'une amie du couple, qu'au cours des vacances de Noël de 1947, « Sartre rêva, puis travailla à une nouvelle pièce, *Les Mains sales*[1] ».

Elle est mise au point dans les premiers mois de 1948. Sartre hésite entre plusieurs titres : *Les Mains sales*, donc, qui avait été le premier titre donné en 1946 au scénario *L'Engrenage* ; *Les Biens de ce monde* — elle est ainsi annoncée dans *La Semaine de Paris* de janvier et février 1948 ; *Crime passionnel*, ou encore *Les Gants rouges* (qui sera le titre donné à l'adaptation américaine de la pièce).

Après une répétition à la suite de laquelle Sartre reçoit un à un les journalistes (21 mars 1948), une générale à laquelle il n'assiste pas (il donne à ce moment-là une conférence dans une loge maçonnique), la première représentation a lieu le 2 avril 1948 au théâtre Antoine dirigé par Simone Berriau. La mise en scène est de Pierre Valde, « amicalement supervisée » par Jean Cocteau, avec les interprétations de François Périer (Hugo), André Luguet (Hoederer), Marie-Olivier (pseudonyme de Wanda Kosakiewicz — Jessica), Paula Dehelly (Olga) qui sont tous des acteurs du Boulevard. C'est un succès public et

1. *F.C.*, p. 202.

critique (malgré l'hostilité de la presse communiste sur laquelle nous reviendrons). La pièce est exploitée au théâtre Antoine du 2 avril 1948 au 20 septembre 1949 (625 représentations), puis en tournée (300 représentations). Le texte est d'abord publié dans les numéros des *Temps modernes* de mars et d'avril 1948, puis en volume chez Gallimard (juin 1948). L'œuvre allait connaître un succès considérable (c'est l'une des plus populaires de Sartre). En 1955, 140 000 exemplaires sont vendus (ce qui en fait un best-seller ; à titre de comparaison : *Bonjour tristesse*, 250 000 ex. ; *La Peste* : 360 000 ; *Le Petit Monde de Don Camillo* : 798 000).

1. JEAN-PAUL SARTRE ET L'AN 48.

Qu'en est-il de Sartre en ces années d'après-guerre (47-48) ? Elles sont sans doute celles de sa plus grande célébrité. Il est une véritable vedette internationale et l'existentialisme devient une mode : *L'Être et le Néant* date de 1943 ; la conférence publiée sous le titre *L'existentialisme est un humanisme* et dont la diffusion contribua beaucoup à la vulgarisation de la philosophie sartrienne, de 1945 ; le n° 1 des *Temps modernes* paraît le 1er octobre 1945. L'activité littéraire, philosophique et idéologique de Sartre est alors considérable. Durant la seule année 1947, sont publiés : *Baudelaire* ; *Situations I* (pour l'essentiel, de la critique littéraire) ; *Théâtre 1* (qui regroupe les quatre premières pièces de Sartre). En février commence, dans *Les Temps modernes*, la publication de *Qu'est-ce que la littérature ?* En 1948, outre *Les Mains sales* paraissent *Situations II* et un scénario, *L'Engrenage*[1]. Sartre travaille à sa « Morale » et à une étude sur Mallarmé. Que joue-t-on au théâtre alors ? Anouilh (*L'Invitation au château*, 1947 ; *Ardèle ou la marguerite*, 1948) ; Salacrou (*L'Archipel Lenoir*, 1947) ; Montherlant (*Le Maître de Santiago*, 1947) ; Camus (*L'État de siège*, 1948) ; Genet (*Les Bonnes*, 1947). *Partage de midi*, avec Jean-Louis Barrault, est mis en scène en 1948.

Politiquement, l'année 1947 est marquée par la fin du « tripartisme » (S.F.I.O. ; M.R.P. ; P.C.) issu de la résistance, le retour des clivages politiques traditionnels et la montée du gaullisme. Les ministres communistes sont renvoyés du gouvernement Ramadier. Internationalement, c'est le début de la guerre froide qui place la France dans une situation mondiale dominée par l'affrontement U.R.S.S.-U.S.A. sur lequel elle n'a qu'un pouvoir très limité.

Après *L'Être et le Néant*, la pensée philosophique de Sartre évolue de l'ontologie vers la morale (les *Cahiers pour une morale* sont rédigés en 1947-1948) et la praxis. Sartre a souvent insisté sur le

1. Voir Dossier, p. 224

19

caractère décisif qu'a eu pour lui l'expérience de la guerre et de la libération. Elles l'ont en effet « converti » à la politique. C'est ce que note Simone de Beauvoir : « La guerre avait opéré en lui une décisive conversion [...] Il comprit que vivant, non dans l'absolu, mais dans le transitoire, il devait renoncer à *être* et décider de *faire* [...] Il m'avait dit pendant "la drôle de guerre"... qu'une fois la paix retrouvée, il ferait de la politique. [...] Désormais, au lieu d'opposer individualisme et collectivité, il ne les conçut plus que liés l'un à l'autre. Il réaliserait sa liberté, non pas en assumant subjectivement la situation donnée, mais en la modifiant objectivement, par l'édification d'un avenir conforme à ses aspirations ; cet avenir, au nom même des principes démocratiques auxquels il était attaché, c'était le socialisme, dont seule l'avait écarté la crainte qu'il avait eue de s'y perdre : à présent il y voyait à la fois l'unique chance de l'humanité et la condition de son propre accomplissement[1]. »

1. *F.C.*, p. 15-17.

Mais si le communisme représente un projet de libération, il constitue aussi, dans la forme qu'il a prise en U.R.S.S., notamment avec le stalinisme, une force d'asservissement. De là la difficulté de la position de Sartre, qui essaiera de se maintenir sur une « troisième voie », d'éviter toute compromission avec les partis pro-américains, sans toutefois s'aligner sur les prises de position du

P.C. Avant d'en devenir, à partir de l'hiver 1951-1952, un « compagnon de route critique » (*Les Communistes et la Paix* date de juillet 1952), il conservera ses distances avec le P.C. Souvent critiqué et attaqué par les communistes, il se gardera de toute polémique qui pourrait, selon lui, objectivement favoriser la bourgeoisie.

C'est dans cette perspective que Sartre entre au comité directeur du Rassemblement démocratique révolutionnaire créé en février 1948 par Altman et Rousset. « Il s'agissait de grouper toutes les forces socialistes non ralliées au communisme et d'édifier avec elles une Europe indépendante des deux blocs[1]. »

Le 10 mars 1948, Sartre tient, avec d'autres, une conférence de presse pour en annoncer officiellement la naissance. Le 19 mars, il participe à un meeting à la salle Wagram devant un public important. Le R.D.R. se veut européen, pacifiste, anticapitaliste. Soucieux d'indépendance et méfiant vis-à-vis du P.C., il considère pourtant que rien ne peut se faire sans lui. Sartre se déclare séduit par l'une des idées qui présidait à la fondation du mouvement, celle « d'un fonctionnement démocratique intégral à l'intérieur d'un groupement politique[2] ». Après un premier moment d'euphorie, l'écho suscité par le Rassemblement va déclinant. Il aura une existence éphémère. L'expérience se termine par un meeting au Vél' d'Hiv', le 30 avril 1949, après lequel Sartre démissionne.

1. *F.C.*, p. 205.

2. *Entretiens sur la politique*, Paris, Gallimard, 1949, p. 22.

Les Mains sales sont bien sûr tributaires de cette expérience politique de Sartre après la guerre. Disons qu'à un univers manichéen (résistance/fascisme ; bons/mauvais) et à la possibilité d'un choix tranché, c'est-à-dire en définitive à une vision idéaliste et éthique du monde, elles substituent une vision politique : il est nécessaire de tenir compte des forces en présence, de les utiliser, fût-ce au prix d'un abandon de toute perspective morale. « Tous les moyens sont bons lorsqu'ils sont efficaces », dira Hoederer. Il ne s'agit pas de changer les hommes, mais de les libérer en changeant les situations.

2. RÉFÉRENCES.

Indépendamment du contexte immédiat et du lien qu'il peut avoir avec la pièce, *Les Mains sales* ont été inspirées par des situations ou événements historiques divers. Sartre insiste sur la fréquence et la généralité de la question qu'il y aborde : « La situation que vous décrivez, lui fait remarquer un journaliste, s'est produite dans presque tous les pays occupés. C'est le problème qui s'est posé aux partis ouvriers : fallait-il collaborer, au sein de la résistance, avec les partis bourgeois ? — C'est exact, répond-il. Mais le problème est plus général encore. C'est Lénine qui le premier, dans *La Maladie infantile du commu-*

nisme, l'a traité. Il s'est posé également, avant la guerre, au parti socialiste que le Front populaire avait porté au pouvoir[1]. »Au fond, et c'est bien finalement ce que Sartre souligne, au-delà de tel ou tel cas particulier, il s'agit du réalisme politique, ou plutôt du réalisme comme caractéristique inhérente à la politique : « Je ne m'occupe, je vous le répète, que de ceci : un révolutionnaire peut-il, au nom de l'efficacité, risquer de compromettre son idéal ? A-t-il le droit de se "salir les mains"[2] ? »

Quelques « moments » historiques semblent, plus que d'autres, avoir pourtant frappé Sartre.

A. LA SITUATION HONGROISE (la traduction italienne situe la pièce en Hongrie).

Alliée de l'Allemagne dans la guerre contre l'U.R.S.S., la Hongrie n'est occupée par les nazis qu'en mars 1944. Cette occupation provoque une forte résistance du peuple hongrois et un renversement d'alliances. Le régent Horthy se prépare à conclure un armistice avec les Russes en octobre 1944, tandis qu'une partie de l'armée hongroise passe du côté soviétique.

En 1945, le Parti communiste hongrois, soutenu par l'Armée rouge, est reconstitué. Il forme avec les partis socialiste et agrarien (un parti de petits propriétaires) une coalition appelée Front national d'indépendance. Bien que

1. *T.S.*, p. 247.

2. *T.S.*, p. 247.

minoritaire (17 % des voix en 1945 ; 22 % en 1947), le P.C. participe au pouvoir et à partir de 1948, le socialisme est en voie de réalisation : le P.C. a absorbé les deux autres partis, ne leur laissant qu'une indépendance de façade. Sartre connaissait bien l'évolution politique hongroise (cf. *Le Fantôme de Staline* — *Situations VII* — écrit en 1956-1957 après l'intervention soviétique en Hongrie) : une politique d'alliance avec les partis « conservateurs et réactionnaires » a progressivement conduit le P.C. au pouvoir.

B. LA LIBÉRATION DE PARIS.

Et d'abord une trêve dans l'insurrection. Demandé par von Choltitz, commandant du Grand Paris, qui ne croit plus à la victoire allemande et veut assurer la retraite de ses troupes, une trêve dans les combats pour la libération de Paris est négociée avec la résistance par l'intermédiaire du consul général de Suède. Après bien des discussions où se manifestent les désaccords entre les résistants gaullistes, les résistants communistes et les Américains, la trêve, lancée le 19 août, effective le 20 août (avec bien des « bavures »), est rompue le 21 août (la reddition allemande est signée le 25 août).

Sartre signale l'analogie entre cet épisode et l'action des *Mains sales* : « Mes personnages sont à peu près dans la situation que l'on connut pendant la trêve de Paris. L'Armée rouge a bousculé l'ennemi, la libération est proche. En l'attendant faut-il encore sacrifier 300 000 vies humaines ou pactiser avec l'ennemi[1] ? » Une poursuite des combats signifiait en effet que le P.C. avait l'intention de prendre le pouvoir seul. La trêve, au contraire, impliquait qu'il avait la volonté (ou se trouvait dans la nécessité) de composer avec la résistance gaulliste.

Par ailleurs, la façon dont Sartre analyse la libération de Paris présente des similitudes frappantes avec certains aspects de la pièce. Il s'agit d'un article de 1945 : *La Libération de Paris : Une semaine d'apocalypse*. Il insiste sur le fait que la libération de Paris a été l'œuvre de l'ensemble des forces alliées et est finalement liée à la totalité du monde : « Aujourd'hui, si vous ne proclamez pas que Paris s'est libéré lui-même, vous passez pour un ennemi du peuple. Pourtant il semble évident que la ville n'aurait même pas pu songer à se soulever, si les Alliés n'avaient pas été tout proches. Et comme ceux-ci n'auraient même pas pu songer à débarquer si les Russes n'avaient retenu et battu la majeure partie des divisions allemandes, il faut bien conclure que la libération de Paris, *épisode d'une guerre qui s'étendait à l'univers, a été l'œuvre commune de toutes les forces alliées*[2]. » (Je souligne.) Ce paragraphe est constitué par un mouvement d'élargissement qui va de Paris à l'univers. C'est le mouvement même des

1. *T.S.*, p. 248.

2. *E.S.*, p. 659.

25

« HUGO : Évadé ? Je ne suis pas fou. Il a fallu qu'on me pousse dehors par les épaules...
On m'a libéré pour bonne conduite. »
Ph. extraite du film : *Les Mains sales* de Fernand Rivers, 1951.

Mains sales (cf. *infra*) qui fait de la situation locale (en l'occurrence illyrienne) un élément dépendant de la situation mondiale. Un peu plus loin, Sartre reprend : « Il est vain et inutile d'imaginer et de crier que nous nous sommes libérés par nos seules forces. Voudrait-on retrouver Maurras par un chemin détourné et rabâcher avec lui l'absurde "La France, la France seule..."[1] ? » Dans la pièce Maurras sera remplacé par Karsky, le conservateur nationaliste (qui s'oppose par là à « l'internationalisme » de Hoederer comme à celui du Régent) et nous retrouvons la même expression : « HOEDERER : ... L'Illyrie, l'Illyrie seule : je connais la chanson » (*M.S.*, p. 147).

Cette dépendance ne signifie pas pour autant qu'il s'agit d'attendre passivement la libération : « Mais ce qui dépendait d'eux [les combattants parisiens] c'était de témoigner par leurs actes — et quelle que fût l'issue de la lutte inégale qu'ils avaient entreprise — de la volonté française[2]. » C'est Hugo qui « témoignera », au prix de sa vie, de son opposition à la politique de Hoederer pourtant triomphante et désormais irréversible. C'est Hoederer lui-même, dont la politique d'alliance est aussi refus d'attendre passivement, comme le lui propose Hugo, que l'Armée rouge arrive et porte le Parti Prolétarien au pouvoir. Et Sartre d'insister — autre thème que nous retrouverons dans la pièce — sur le fait que le combat pour la libération de Paris

1. *E.S.*, p. 660.

2. *E.S.*, p. 660.

est moins celui des Français contre les Allemands que celui de l'Homme contre l'Inhumain : « ... la plupart des F.F.I. avaient, en août 1944, l'obscur sentiment de se battre, non seulement pour la France contre les Allemands, mais aussi pour l'homme contre les pouvoirs aveugles de la machine[1]. » Même mouvement d'universalisation que dans le passage cité précédemment, et dans *Les Mains sales* le combat de Hoederer n'est pas seulement pour installer le communisme en Illyrie, mais aussi pour libérer l'humanité.

1. *E.S.,* p. 660-661.

C. DORIOT.

Sartre signale le rapport entre Hoederer et Doriot : « Vous savez que chez nous, en France, il y a eu un cas analogue à celui de Hoederer, le cas Doriot, même si cela ne s'est pas terminé par un assassinat ; Doriot voulait un rapprochement du P.C. avec les sociaux-démocrates de la S.F.I.O., et pour cette raison il a été exclu du Parti. Un an après, pour éviter que la situation française ne dégénère en fascisme et en se basant sur des directives soviétiques précises, le P.C. a parcouru le chemin que Doriot avait indiqué, mais sans jamais pourtant reconnaître que celui-ci avait raison ; et il a établi les bases du Front populaire. C'est ceci qui m'intéresse : la nécessité dialectique d'une praxis[2]. » Dans les deux cas, donc, le Parti adopte une politique de « compromis » préconisée par

2. *T.S.,* p. 259.

l'un de ses dirigeants, politique qu'il a d'abord rejetée et condamnée. Mais à la différence de Doriot, Hoederer est finalement reconnu. Par ailleurs il est majoritaire (cette position de force explique l'assassinat). Il n'aurait pu être exclu comme Doriot qui était minoritaire. Cette différence est significative : dans *Les Mains sales* la justesse des vues politiques est sanctionnée par le succès. Nous aurons l'occasion de dire qu'il n'y a pas là une simple coïncidence de fait, mais un lien nécessaire qui fonde l'optimisme de la pièce.

Voilà quelques références qui peuvent avoir inspiré le thème des « alliances contre nature ». On en a signalé d'autres. Par exemple, la politique d'alliance du P.C. français qui prolonge son attitude au moment de la « trêve ». Il participe à tous les gouvernements jusqu'à ce que Ramadier l'exclue. Ou encore, sur le plan international, le Pacte germano-soviétique, qui date de 1939 et demeurait présent à l'esprit des Français en ces années d'après-guerre. De façon globale et plus diffuse, l'Illyrie, qui au moment où le rideau se lève est occupée par les nazis, ne peut manquer de renvoyer à la France occupée.

Indépendamment du compromis politique, d'autres situations ou événements réels peuvent être évoqués par tel ou tel aspect de la pièce.

D. L'ASSASSINAT DE TROTSKY
(auquel peut renvoyer le meurtre de Hoederer).

C'est Simone de Beauvoir qui signale le rapprochement : « Le sujet [des *Mains sales*] lui en avait été suggéré par l'assassinat de Trotsky[1]. » (Voir Dossier, p. 164.) Elle insiste sur le thème du « huis clos » et sur la maison « farouchement gardée » dans laquelle vivait Trotsky. Hoederer vit en effet, dans la pièce, sous une menace de mort permanente et le moindre relâchement de la surveillance peut lui être fatal.

1. *F.C.*, p. 210.

Cette « source » des *Mains sales* a intéressé de nombreux commentateurs. Selon Dorothy Mac Call, Sartre se serait inspiré du livre d'Isaac Levine *The Mind of an Assassin* et elle relève de nombreux points communs entre le comportement supposé de Mercader (l'assassin de Trotsky) et celui de Hugo. Les circonstances du meurtre, la psychologie des deux assassins (haine du père) et leurs positions politiques (stalinisme inconditionnel), leur rapport avec leur future victime, leurs goûts (pour l'élégance par exemple) seraient pour l'essentiel identiques. Lucien Goldmann pour sa part note que de 1928 à 1934, Staline préconisait une politique « ultra-gauchiste », alors que Trotsky était partisan d'un programme d'union de toutes les forces antifascistes, ce qui rendrait plausible l'assimilation de Hoederer à Trotsky et de ses adversaires à des staliniens[2].

2. Dorothy Mac Call, *The Theatre of Jean-Paul Sartre*, New York, Columbia University Press, 1967, p. 55-56. Lucien Goldmann, *Structures mentales et création culturelle*, Paris, Anthropos, 1970, p. 236-237.

E. UNE CERTAINE JEUNESSE.

Jeune, intellectuel, d'origine bourgeoise, telles sont les trois caractéristiques essentielles de Hugo dans la pièce. Sartre déclare à plusieurs reprises que, personnellement, il s'identifie idéalement à Hoederer et que Hugo représente « une certaine jeunesse » : « Je voulais d'abord qu'un certain nombre de jeunes gens d'origine bourgeoise qui ont été mes élèves ou mes amis, et qui ont actuellement vingt-cinq ans, puissent retrouver quelque chose d'eux dans les hésitations de Hugo... J'ai voulu représenter en lui les tourments d'une certaine jeunesse, qui, bien qu'elle ressente une indignation très proprement communiste, n'arrive pas à rejoindre le Parti à cause de la culture libérale qu'elle a reçue[1]. »

Nous retrouvons de semblables propos dans un entretien accordé à Paolo Caruso en 1964, lors de la présentation de la version italienne de la pièce (cf. *T.S.*, p. 260).

Il s'agit donc, pour l'essentiel, des difficultés de certains jeunes dans leur engagement politique et leurs rapports avec le Parti communiste. Hugo, dans la pièce, reste bien prisonnier de « sa culture libérale » en ceci, qu'il se bat au nom des valeurs de sa classe d'origine (qui ne correspondent pas forcément au comportement effectif de celle-ci) et fait du Parti une entité idéale où les relations seraient égalitaires et transparentes.

1. *T.S.*, p. 249.

F. LES INTELLECTUELS.

1. Voir Dossier, p. 229-235.

Francis Jeanson voit en Hugo[1] un représentant des intellectuels (ou de l'Intellectuel), groupe humain décidément inapte à la révolution. Car, du moins selon Jeanson, soit l'intellectuel reste prisonnier d'un narcissisme invétéré, soit il dépasse ce narcissisme et tombe alors dans une morale du service, bonne conscience aussi peu satisfaisante que la précédente. Ces deux aspects existent en effet chez Hugo qui n'est soucieux que de lui-même, tout en souhaitant devenir un simple ustensile au service du Parti.

G. LE STALINISME.

A la fin des *Mains sales*, les adversaires de Hoederer, qui avaient décidé son assassinat, ont adopté sa politique et veulent faire disparaître Hugo, témoin gênant d'un passé qu'ils préfèrent voir oublié ou effacé. Sartre vise ici les méthodes staliniennes de falsification du passé. C'est la seule « cible » qu'il reconnaisse à sa pièce : « La falsification du passé a été une pratique systématique du stalinisme. Par exemple n'importe quel procès fait sous ce régime entraînait tout le passé de l'accusé, même s'il était question de communistes très connus. Quiconque à un certain point trahit a dû forcément toujours être un traître [...] En vertu de certains principes dogmatiques, pour des raisons dialectiques bien

32

connues, un homme n'a pas pu être un révolutionnaire et puis, à un certain point ne plus l'être. Du moment qu'il ne l'est plus, il ne l'a jamais été : voilà le principe stalinien. On remonte donc jusqu'à la naissance de l'accusé et "on se rend compte", en falsifiant tout, qu'il a toujours été un contre-révolutionnaire. C'est justement contre cette falsification du passé que Hugo a raison dans ses dernières répliques[1]. »

1. *T.S.*, p. 256-257.

Après ce bref parcours du contexte des *Mains sales*, on constatera d'abord que les références historiques concernent des aspects divers de la pièce, mais se regroupent, pour une grande part, autour de deux thèmes : la question de l'assassinat politique et celle de la politique d'alliance ou de compromis. Ensuite que l'élément dominant de ce contexte (qu'il s'agisse de la vie de Sartre ou des « sources » de la pièce) est le problème du *réalisme politique*, qu'il apparaisse dans la question des rapports entre individu et collectivité, ou, de façon plus immédiate, dans celle des rapports entre idéal et réalité.

III L'UNIVERSALITÉ DU MYTHE

Les Mains sales ne sont cependant pas réductibles à un quelconque contexte et ne constituent en aucun cas une œuvre de circonstance. Sartre a notamment plusieurs fois déclaré qu'elles ne constituaient pas une pièce politique, mais une pièce « sur la politique » : « Elle n'est *à aucun degré* (Sartre souligne) une pièce politique. — Disons : péripolitique ? — Exactement, *sur* la politique (Sartre souligne). Si une épigraphe devait lui être donnée, ce serait cette phrase de Saint-Just : "Nul ne gouverne innocemment." Autrement dit on ne fait pas de politique (quelle qu'elle soit), sans se salir les mains, sans être contraint à des compromis entre l'idéal et le réel. » Et Sartre poursuit qu'il a situé l'action dans un parti d'extrême gauche « par sympathie pour eux : parce que je les connais mieux. Parce que, dans les partis conservateurs ou réactionnaires, ne se pose pas, ou pas aussi ardemment, le problème complexe de la "fin" et des "moyens"[1] ».

L'action pourrait donc se situer dans n'importe quel parti et un spectateur sera concerné, quelles que soient ses opinions, à condition qu'il s'intéresse à la politique ou s'en préoccupe. Ainsi, loin de constituer une prise de position, ou d'être une pièce à thèse ou militante — voire, comme l'ont dit certains, purement polémique — *Les Mains sales*

1. *T.S.*, p. 246.

visent à, sinon universaliser, en tout cas généraliser, le thème politique. Il ne s'agit pas de politiser, ni même d'engager (au moins en ce sens un peu fruste) le théâtre. Plutôt l'inverse : de théâtraliser la politique. Non pas de faire de la politique avec du théâtre, mais de faire apparaître ce qu'il peut y avoir de théâtral dans la politique, c'est-à-dire le noyau d'universalité que contient toute action politique déterminée. Ce pourquoi, s'il importe de voir à quelles réalités ou événements historiques particuliers peut renvoyer la pièce, il importe tout autant d'envisager en quoi elle traite d'un mythe ou d'une essence, qui, dans sa généralité, peut atteindre chacun.

Le théâtre de Sartre en général, et *Les Mains sales* en particulier se caractérisent en effet par le refus de ce que l'on appelle ordinairement (à tort ou à raison) « réalisme » (la mise en valeur de la particularité d'une situation, d'un événement ou d'un personnage) et le souci d'atteindre à l'universalité du mythe (que Sartre appelle parfois « vérité », opposant ainsi « vérité » et « réalité »). Ne nous attendons donc pas à trouver dans *Les Mains sales* la description de tel ou tel milieu politique ou des « mœurs politiques » (rien de sociologique dans la démarche sartrienne). Plutôt *nos* questions, mais mises à distance et agrandies jusqu'aux dimensions du mythe, c'est-à-dire présentées comme étant celles de l'humanité entière.

1. LES REFUS.

Sartre caractérise sa dramaturgie d'abord négativement, par un certain nombre de refus, qu'à propos du théâtre contemporain (mais le propos vaut aussi pour son propre théâtre) il énonce ainsi : « Il y a trois refus essentiels dans le théâtre contemporain : le refus de la psychologie, le refus de l'intrigue, le refus de tout réalisme[1]. »

1. *T.S.*, p. 190.

A. LE REFUS DE LA PSYCHOLOGIE.

Il est dû à deux raisons d'ailleurs liées. La première est que le « caractère » constitue une abstraction : « Nous tenons la psychologie pour la plus abstraite des sciences puisqu'elle étudie les mécanismes de nos passions sans replonger celles-ci dans leur véritable contexte humain, sans tenir compte de leur arrière-plan de valeurs religieuses et morales, des tabous et des impératifs de la société, des conflits entre les nations et les classes, des conflits entre les droits, les volontés, les actions. Pour nous, l'homme est une entreprise totale en lui-même. Et la passion fait partie de cette entreprise[2]. » Réduire un personnage à sa « psychologie » ou à son « caractère » c'est donc abstraire un élément d'une totalité, c'est méconnaître que l'individu est d'abord rapport à autrui et en faire une entité autonome, en somme une « monade », c'est séparer l'individuel du

2. *T.S.*, p. 59.

collectif ou du social, l'intérieur de
l'extérieur.

Deuxième argument : l'explication par
la psychologie est superficielle. Celle-ci
n'est que le masque que les « idéologues
de la bourgeoisie » posent sur « nos
vraies forces profondes » : forces
« transpsychologiques » (langage, rapport au monde, conditions historiques et
sociales avec un privilège marqué pour
ces dernières). L'idée est toujours que la
réalité n'est pas dans l'individuel, mais
dans le rapport, fût-il conflictuel, à
autrui.

S'agissant des *Mains sales*, il est en
effet difficile d'assigner un « caractère »
aux personnages. Au cours de la négociation entre Hoederer, le Prince Paul et
Karsky (*M.S.*, p. 138-151), celui-ci se
met en colère, tient des propos agressifs,
parle de s'en aller, bref, fait une scène,
qui contraste avec le parfait sang-froid
des deux autres. Sans doute pourra-t-on
toujours dire qu'il est coléreux, impulsif
ou émotif. Mais ce type d'interprétation,
qui réfère le comportement à des traits
de caractère, trahit la pièce. Le comportement émotif est un geste (au sens que
Sartre donne à ce terme), c'est-à-dire
constitue un refus d'accepter le réel (en
l'occurrence, pour Karsky, la nécessité
de négocier avec Hoederer). De même
Jessica manie volontiers l'ironie. Mais le
comportement ne renvoie pas, là non
plus, à un trait de caractère (par ex. le
sens de l'humour). Il manifeste l'extério-

rité du personnage par rapport à un univers qui apparaît souvent comme un monde à l'envers. Nous avons affaire à des conduites qui ne nous permettent pas de poser ce qui serait une nature, une essence ou un être des personnages. Selon la formule sartrienne, un individu n'est jamais que la somme de ses actes (et s'il refuse la psychologie c'est qu'elle est au fond toujours une explication par l'essence qui ne vaut ni plus ni moins que celle par la « vertu dormitive » de l'opium) : « Dès lors, l'aliment central d'une pièce, ce n'est pas le caractère, qu'on exprime avec de savants "mots de théâtre" et qui n'est rien d'autre que l'ensemble de nos serments (serments de se montrer irritable, intransigeant, fidèle, etc.). Le caractère vient après, quand le rideau est tombé. Il n'est que le durcissement du choix, sa sclérose : il est ce que Kierkegaard nomme la répétition[1]. » Les personnages des *Mains sales* sont caractérisés par leur sexe (homme ou femme), leur origine sociale (bourgeois ou prolétaires), leur âge (jeunes ou vieux), bref par des facteurs biologiques ou sociaux, non par des facteurs psychologiques.

1. *T.S.*, p. 192.

B. LE REFUS DE L'INTRIGUE.

Sartre revient plusieurs fois sur l'absence d'« intrigue » caractéristique de son théâtre et plus généralement du théâtre contemporain et dénonce sa confusion avec l'action :

« L'action, telle qu'on l'entend maintenant au théâtre, ça veut dire une construction pratique d'une intrigue par un auteur. Il faut qu'il y ait de l'action, ça veut dire : il faut que les conséquences découlent d'une manière très vive et très nette des prémisses, il faut qu'on devine un peu ce qui va se passer sans quand même le savoir assez, etc., etc., et il faut naturellement qu'il y ait un commencement un milieu et une fin[1]. »

1. *T.S.*, p. 123.

L'« intrigue » a donc selon Sartre deux caractéristiques : elle doit obéir à une logique ; les événements doivent être semi-prévisibles (ni totalement prévus, ni totalement inattendus). Bien que l'action des *Mains sales* soit l'une des plus chargées d'événements dans le théâtre sartrien (il s'agit d'une pièce d'action comme on dit un film d'action), elle repose pour l'essentiel sur des effets de surprise (qui donc contredisent à la semi-prévisibilité susdite), le lien de cause à effet étant soit absent (c'est par exemple le cas du meurtre provoqué par le hasard), soit n'apparaissant qu'après coup (c'est par exemple l'attitude de Jessica durant l'épisode de la fouille, qui sur le moment est incompréhensible). On pourrait, sans trop caricaturer, dire que les événements se produisent quand on ne les prévoit pas ou plus, et qu'inversement ils ne se produisent pas quand on les attend. Hugo est chargé de tuer Hoederer ; il repousse le meurtre de jour en jour ; il finit par accepter l'aide de celui-ci (c'est-à-dire par renoncer au meurtre); c'est alors qu'il le tue. La pièce obéit à deux rythmes temporels : l'instantanéité d'événements qui se produisent de façon totalement inattendue (la bombe lancée par Olga, le meurtre de Hoederer, etc.); un temps vide, au cours duquel il ne se passe rien — les personnages attendent, parlent de choses et d'autres — et si démesurément étiré qu'il confine à l'immobilité. Ainsi au fil des jours Hugo évoque-t-il constamment son meurtre, sans en abandonner le projet ni l'accomplir. Nous avons alors l'impression d'un ralenti cinématographique : quand il ne va pas trop vite, le temps va trop lentement.

Par ailleurs — autre différence avec les pièces à intrigue — les obstacles qui s'opposent à l'assassinat de Hoederer ne sont pas d'ordre externe, mais d'ordre interne : si Hugo ne tue pas ce n'est pas parce qu'il est démasqué (ou empêché d'une quelconque façon) mais, disons, par amour pour celui qu'il doit abattre.

C. LE REFUS DU RÉALISME.

« ... Toute idée de naturalisme doit être écartée du théâtre... » Il est impossible d'y raconter « une histoire quotidienne et individuelle[1] ».

1. *T.S.*, p. 29.

Trois points sont à retenir des nombreuses déclarations de Sartre à ce sujet :
— D'abord la distinction entre un faux réalisme et un véritable réalisme (reprise ailleurs sous forme d'une dis-

tinction entre réalité et vérité). Le théâtre « réaliste » est faux (factice, fabriqué). A l'opposé, le théâtre de Brecht, par exemple, qui n'est pas « réaliste », est vrai[1].

1. Cf. *T.S.*, p. 81-84.

— Le « réalisme » ne nous présente pas l'homme agissant, mais passif, mû par des forces qui le dépassent. Ce théâtre du déterminisme et de l'impuissance est le contraire du théâtre de la liberté et de l'action que revendique Sartre.

— Le théâtre doit donc refuser le quotidien et l'individuel.

Nous aurons l'occasion de revenir sur le fait que *Les Mains sales* nous présentent des « agissants » (pour reprendre le terme d'Aristote). Notons pour l'instant que bien que les gestes et les objets aient dans la pièce une grande importance, bien qu'il soit souvent fait allusion au comportement quotidien des personnages (Hoederer fait son café et sa cuisine lui-même, il fume, il boit, etc.), à tel ou tel trait de leur physique (Hoederer a les yeux vifs, Hugo une mèche...), personnages et objets demeurent cependant indéterminés. La présence de l'objet sur scène n'est pas, selon Sartre, nécessaire (un bout de papier peut faire office de journal et une récente mise en scène de *Huis clos* avait supprimé canapés et bronze de Barbedienne). Lorsqu'il est là, son individualité ne compte pas (aucun renseignement sur la cafetière de Hoederer ou le revolver de Hugo). Nous ne connaissons des personnages qu'un très petit nombre de caractéristiques corporelles ou biographiques, le plus souvent disparates. Lorsque Hugo revient de sa première visite à Hoederer, Jessica lui demande un portrait de celui-ci. Nous sommes dans la plus pure tradition théâtrale qui retarde l'apparition du personnage principal et le présente au spectateur avant qu'il ne soit là (cf. par exemple *Tartuffe*). Seulement à l'inverse de ce qui se passe ordinairement, le portrait, ici en forme de fiche d'identité, est vide. Hoederer « n'a pas de signes distinctifs » (*M.S.*, p. 61). Nous savons que « Hoederer » est un pseudonyme, qu'il a été député au Landstag et vivait chez un garagiste. Nous apprendrons qu'il a été marié. Et c'est tout. Son ex-femme nous échappe elle aussi et de la même façon. A Jessica qui demande : « Elle était belle ? » Il répond : « Ça dépendait des jours et des opinions » (*M.S.*, p. 211). Biographiquement nous connaissons plus d'éléments concernant Hugo qui est à cet égard le personnage le plus « dessiné » : âge, origine, détails sur son enfance, son passé, date de son entrée au Parti, etc. Mais toutes ces caractéristiques restent elles-mêmes dans une grande indétermination.

Nous avons affaire, pour paraphraser le titre de Musil, à des personnages sans particularités. C'est que, comme le dit Sartre, la vérité n'est pas réaliste : « Au niveau [...] des forces souterraines, ou si

« OLGA : Tu n'as parlé à personne? *(Hugo la regarde et se met à rire.)*
 HUGO : Non, Olga. Non. Rassure-toi. A personne. *(Olga se détend un peu et le regarde.)* »

Représentation des *Mains sales*. Maison des Arts et de la Culture, Créteil. Olga : Laurence Février. Ph. © Bernand.

« HUGO : Quel désert! Tout est là pourtant. Ma machine à écrire? » Gravure.
Ph. © Kharbine-Tapabor.

vous préférez, de l'aventure humaine, à ce niveau-là, les termes essentiels de l'aventure humaine ne sont plus réalistes, parce que nous ne pouvons plus les saisir réellement[1]. » A un théâtre cherchant à produire une illusion de réalité s'oppose un théâtre, symbolique si l'on veut, qui en dénonçant son irréalité, manifeste des vérités. La mort ou la naissance, par exemple, ne sont pas appréhendables de façon réaliste. Ce sont des universaux qui n'existent pas comme peut exister une chose ou un micro-événement de la vie quotidienne : en termes sartriens ce sont des irréels.

2. UN THÉÂTRE DE SITUATIONS.

Aux constituants de la dramaturgie traditionnelle qu'il refuse, Sartre en substitue quatre. Le théâtre ne doit plus raconter de façon « réaliste » l'histoire d'individus déterminés par leur caractère, mais présenter des personnages en situation, s'affrontant dans des conflits de droit, agissant, le tout ayant une dimension universelle ou mythique.

A. DES SITUATIONS.

La notion de situation, le couple situation/liberté, sont parmi les thèmes les plus connus de la pensée sartrienne. Par ailleurs, le terme appartient au vocabulaire de la dramaturgie. Parlant d'« un théâtre de situations », Sartre emploie le

mot en son double sens : la notion philosophique trouve dans le théâtre une de
ses « incarnations » privilégiées.

« L'aliment central d'une pièce [...]
c'est la situation [...] Mais s'il est vrai que
l'homme est libre dans une situation
donnée et qu'il se choisit lui-même dans
et par cette situation, alors il faut montrer au théâtre des situations simples et
humaines et des libertés qui se choisissent dans ces situations[1]. »

1. *T.S.*, p. 19-20.

Nous reviendrons plus loin sur cette
notion. Voyons pour l'instant ce qu'est la
situation dans *Les Mains sales*.

C'est d'abord celle d'un pays, l'Illyrie,
qui n'est pas localisé précisément, mais
dont tout laisse penser, et d'abord la
consonance de son nom, qu'il se trouve
quelque part en Europe de l'Est. Nous
sommes en 1943. Trois groupes sont en
présence. Un parti fasciste, avec à sa tête
le Régent, qui gouverne le pays. Un
parti libéral et bourgeois, le Pentagone,
dirigé par Karsky. Le Parti Prolétarien
enfin, dont Hoederer est l'un des chefs.
Louis insiste sur l'irréductibilité des clivages et la violence des affrontements
entre ces trois groupes : « Trois groupes
d'intérêts inconciliables, trois groupes
d'hommes qui se haïssent » (*M.S.*, p. 49).
On notera la double face, objective (les
intérêts) et subjective (la haine) des
conflits. Un peu plus tard, Hoederer
soulignera l'extrême violence des rapports entre ces groupes : « Quand un
type du Pentagone rencontrait un gars

de chez nous, il y en avait toujours un des deux qui restait sur le carreau » (*M.S.*, p. 146). Par ailleurs le Parti Prolétarien est minoritaire : « KARSKY : Le Pentagone embrasse la majeure partie du paysannat, soit cinquante-sept pour cent de la population, plus la quasi-totalité de la classe bourgeoise, le prolétariat ouvrier représente à peine vingt pour cent du pays et vous ne l'avez pas tout entier derrière vous » (*M.S.*, p. 144).

Avec la guerre, le Régent s'est allié à l'Allemagne et a déclaré la guerre aux Russes : « ... d'un côté le gouvernement fasciste du Régent qui a aligné sa politique sur celle de l'Axe » (*M.S.*, p. 49), explique Louis à Hugo. Le Pentagone et le Parti Prolétarien de leur côté combattent l'Allemagne (sans que pour autant il y ait accord entre eux) : « En 42, la police traquait vos hommes et les nôtres, vous organisiez des attentats contre le Régent et nous sabotions la production de guerre » (*M.S.*, p. 146), déclare Hoederer à Karsky. Le Pentagone est nationaliste et le Parti Prolétarien prorusse.

En 1943, le rapport des forces en guerre change : « ... les Russes ont battu Paulus à Stalingrad et [...] les troupes allemandes sont en train de perdre la guerre » (*M.S.*, p. 146). Dès lors, le Régent et Karsky décident de conclure une alliance clandestine avec le Parti Prolétarien. C'est de cette alliance que Hoederer est partisan.

On soulignera, à propos de cette situation et de la scène de négociations entre Hoederer, Karsky et le Prince Paul (T. IV, sc. 4 — c'est l'un des moments pivots de la pièce), les caractéristiques suivantes :

— Cette alliance et ses modalités sont suscitées par la prise en considération du rapport des forces qui à ce moment-là joue en faveur de Hoederer et du Parti Prolétarien (mais si le Prince et Karsky représentent des forces moindres, elles ne sont pas pour autant nulles). La négociation, comme son résultat constituent une nécessité : les choses étant ce qu'elles sont, il s'agit de la seule politique possible. Il y a donc, de part et d'autre, *reconnaissance de la réalité du rapport des forces en présence* ; et la politique apparaît comme subordination du souhaité au possible, c'est-à-dire conciliation de l'idéal et du réel. C'est d'ailleurs la définition qu'en donne Sartre à propos de sa pièce et que nous avons rappelée ci-dessus : « compromis entre l'idéal et le réel » (cf. *supra*, p. 21). La situation, c'est la réalité comme limite des possibilités. Et l'erreur de Hugo et des adversaires de Hoederer consiste à nier cette limite.

— Les trois personnages qui négocient peuvent se répartir suivant deux lignes de partage. Le discours de Hoederer constitue un reflet de la réalité. Celui de Karsky et du Prince Paul une image déformée de cette même réalité. L'un est vrai, l'autre faux. Mais — et c'est la seconde ligne de partage — le Prince Paul est cynique et tient un discours qu'il sait mensonger, alors que Karsky refuse affectivement le réel. C'est un idéaliste. C'est pourquoi le premier est très vite convaincu par Hoederer, alors que le second « résiste » longtemps. Face au bourgeois Karsky, il y a une « alliance objective » du prolétaire et de l'aristocrate qui portent le même jugement sur la conjoncture dans laquelle ils se trouvent. L'un et l'autre pensent notamment que c'est la situation internationale qui est déterminante, alors que Karsky ne veut prendre en compte que la situation nationale (son idéalisme et son nationalisme ne font qu'un). Une phrase du Prince Paul résume parfaitement ce dont il s'agit : « ... il faut prendre une vue réaliste de la situation » (*M.S.*, p. 148).

Mais la situation dans *Les Mains sales*, c'est aussi, lié à la précédente, le conflit interne au Parti Prolétarien, divisé entre partisans et adversaires de l'alliance. « Hoederer nous a réunis ce soir parce qu'il veut que le Parti Prolétarien s'associe aux fascistes et au Pentagone pour partager le pouvoir avec eux après la guerre » (*M.S.*, p. 49). Cette politique engendre un antagonisme qui oppose deux fractions du parti : « Tout le P.A.C. que je représente [c'est Louis qui parle] est contre Hoederer. Seulement tu sais ce que c'est : le Parti Prolétarien est né de la fusion du P.A.C. et des sociaux-démocrates. Les sociaux-démocrates ont voté pour Hoederer et ils ont la majorité » (*M.S.*, p. 51). Ce conflit est le plus immédiatement déterminant dans la pièce, puisqu'il va entraîner la décision de l'assassinat de Hoederer.

B. DES CONFLITS DE DROITS.

A l'affrontement des passions et des caractères, Sartre substitue ce qu'il appelle des « conflits de droits ».

« ... quelqu'un qui fait un acte est persuadé qu'il a raison de le faire ; par conséquent nous nous trouvons non pas sur le terrain du fait, mais sur le terrain du droit puisque chaque individu qui agit, dans une pièce, du fait qu'il a une entreprise et que cette entreprise doit être menée à bien, la justifie par des raisons, se donne des raisons de l'entreprendre[1]. » Dans cette perspective, la tragédie grecque est un modèle, car la passion n'y « était jamais un simple orage affectif, mais toujours, fondamentalement, l'affirmation d'un droit[2] ». Et l'exemple sur lequel Sartre revient le plus fréquemment est celui d'*Antigone* où le conflit n'est pas celui de deux caractères, mais celui des droits de la cité et des droits de la famille.

C'est ainsi qu'il faut interpréter l'opposition entre Hoederer et Hugo : elle est celle de deux entreprises (plutôt, en réalité, nous le dirons plus loin, d'une entreprise et de sa négation) dont chacune prétend être fondée en raison (ce

1. *T.S.*, p. 30.

2. *T.S.*, p. 59.

qui apparaît, notamment, dans le « débat » qui oppose les deux hommes dans la scène 3 du tableau V). Pour Hoederer, la politique d'alliance se justifie :

— par son efficacité : le Parti Prolétarien parviendra à terme à éliminer les partis conservateurs et à gouverner seul (notons en passant que Hoederer ne sacrifie rien de l'objectif final du Parti) ;

— par l'économie de vies humaines qu'elle réalisera.

Pour Hugo, au contraire, qui ne tient pas compte du second argument, une telle politique ne peut conduire qu'à l'anéantissement du Parti Prolétarien par les conservateurs.

La même politique apparaît tantôt comme positive, tantôt comme négative, tantôt œuvre de vie, tantôt comme œuvre de mort.

Et la question qui se pose à propos des deux thèses qui s'affrontent en une argumentation contradictoire est de savoir laquelle est juste, autrement dit : « Qui a raison ? » (*M.S.*, p. 181). Elle est posée par Jessica, personnage *extérieur* à la politique, qui parle au nom du « bon sens ». Sa virginité politique implique une absence de préjugés (elle a un regard neuf) qui l'apparente à ces Hurons et autre Iroquois qui au XVIIIe siècle observaient notre société d'un œil non prévenu. Et après la « discussion » entre les deux hommes, elle s'écriera : « Hugo ! Il avait raison » (*M.S.*, p. 202). On voit qu'il ne s'agit pas de toucher ou d'émouvoir le spectateur, mais de l'inviter à juger. De là la neutralité de la pièce (en tout cas des scènes de débat politique), l'auteur n'ayant pas de porte-parole, n'indiquant pas une thèse comme bonne et l'autre comme mauvaise, mais laissant le spectateur libre de prendre parti. Nous n'avons pas affaire à un théâtre qui cherche à nous manipuler, mais à un théâtre qui fait appel à notre liberté. Sartre a beaucoup insisté sur la distance qui au théâtre sépare le spectateur du spectacle : elle permet entre autres une non-participation (un désengagement) qui laisse le jugement s'exercer en toute impartialité.

Contrairement à Jessica, Hugo estime avoir raison et considère que Hoederer « n'a pas le droit » d'agir comme il agit. Au moment où, au cours de la négociation avec le Prince Paul et Karsky, Hoederer est sur le point d'« emporter le morceau » et parle de s'adresser « aux camarades du Parti », Hugo intervient : « Vous n'avez pas le droit... Vous n'avez pas le droit, ils se glisseront partout, ils pourriront tout, ce sont les plus forts » (M.S., p. 150. Cf. aussi p. 191).

Dans la perspective de Hugo, son combat est celui du droit contre la force. L'oppression et l'exploitation auxquelles se livre sa classe d'origine sont des conduites de pure force et il est entré au Parti « parce que sa cause est juste » (*M.S.*, p. 200). De même la politique de Hoederer lui apparaît comme un coup de force contre le Parti, et s'il lui semble nécessaire d'avoir recours à l'assassinat, c'est que seule la force peut venir à bout de qui ne connaît que la force (telle que la présente Louis, l'action de Hoederer n'est envisagée qu'objectivement — *M.S.*, p. 51 — sans souci de ses raisons, c'est-à-dire comme n'étant que force). Forme exemplaire de l'exercice de la force, le mensonge qui vise à contraindre autrui et en fait un objet (Hugo, nous y reviendrons, ne le supporte pas). Ce que Hoederer n'a finalement pas le droit de faire selon Hugo, c'est d'annihiler la liberté d'autrui.

C. DES ACTES.

« Il n'y a pas d'autre image au théâtre que l'image de l'acte, et si l'on veut savoir ce que c'est que le théâtre, il faut se demander ce que c'est qu'un acte parce que le théâtre représente l'acte et il ne peut rien représenter d'autre[1]. »

Si dans l'ensemble du théâtre sartrien, il est une pièce centrée sur un acte, c'est bien *Les Mains sales*. L'action débute au moment où Hugo se propose pour tuer Hoederer et se termine au moment où il le tue. Et deux ans plus tard, à sa sortie de prison, il s'agira de savoir s'il revendique cet acte ou s'il le désavoue. Par ailleurs, son univers mental est exclusivement occupé par ce meurtre, qu'il anticipe son accomplissement tout en ne parvenant pas à l'effectuer, ou au contraire qu'il réfléchisse sur l'acte passé.

1. *T.S.* p. 119.

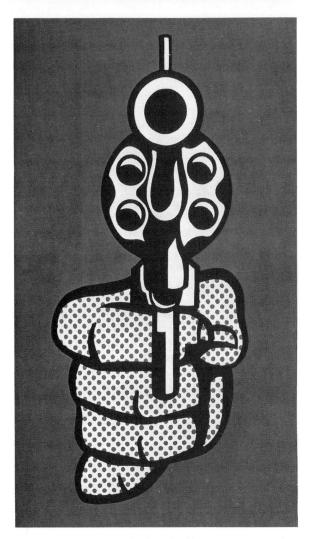

« HUGO : ... Un acte, ça va trop vite. Il sort de toi brusquement et tu ne sais pas si c'est parce que tu l'as voulu ou parce que tu n'as pas pu le retenir. Le fait est que j'ai tiré... »

Roy Lichtenstein : *Pistolet,* 1964. Ph. Courtesy Galerie Castelli, New York

Quatre questions se posent à propos de cet assassinat :

— Pourquoi Hugo ne parvient-il pas à tuer Hoederer? Parce qu'il n'a pas « vocation » à tuer? Par amour pour celui-ci?

— Pourquoi le tue-t-il? Assassinat politique ou crime passionnel?

— Qui est l'auteur du meurtre? Hugo lui-même? Le hasard?

— Le meurtre a-t-il eu lieu réellement? N'était-ce pas du théâtre?

Nous reviendrons sur ces questions à propos du personnage de Hugo.

D. DES MYTHES.

« Et comme il n'y a de théâtre que si l'on réalise l'unité de tous les spectateurs, il faut trouver des situations si générales qu'elles soient communes à tous. Plongez des hommes dans des situations universelles et extrêmes qui ne leur laissent qu'un couple d'issues, faites qu'en choisissant l'issue ils se choisissent eux-mêmes : vous avez gagné, la pièce est bonne[1]. »

1. *T.S.*, p. 20.

Unification du public, suscitée par une situation universelle et paroxystique, voilà ce qui constitue la dimension mythique de l'œuvre théâtrale.

L'élément universel des *Mains sales* a pu être nommé diversement : conflit entre morale et politique (ou praxis), éthique et dialectique, idéalisme et réalisme. Une image le symbolise : l'opposition des mains sales et des gants rouges (*M.S.*, p. 198).

Quant au paroxysme, Sartre le décrit ainsi : « En projetant dès la première scène nos protagonistes au paroxysme de leurs conflits, nous recourons au procédé bien connu de la tragédie classique, qui s'empare de l'action au moment même où elle se dirige vers la catastrophe[1]. »

1. *T.S.*, p. 63-64.

L'action débute, en effet, dans la pièce au moment où *s'achève* le combat de Hoederer à l'intérieur du Parti : il vient d'être autorisé par un vote à mettre en œuvre sa politique d'alliance. Le meurtre reste le seul recours pour ceux qui n'acceptent pas cette victoire : il constitue la phase ultime, donc décisive, d'un affrontement qui atteint alors son intensité maximale, le moment où le combat politique se mue en un combat physique dans lequel la vie est en jeu.

IV   CONVAINCRE

Les Mains sales s'organisent autour d'un conflit entre Hoederer et Hugo, se terminant par la victoire du premier et la défaite du second. Encore faut-il préciser que les deux positions ne sont pas symétriques. Hoederer agit ; il est engagé dans une entreprise qu'il cherche à mener à bien. Hugo vise à empêcher cette entreprise, à interrompre le processus de son développement. « Convaincre », tel est le moyen par lequel Hoederer veut parvenir à ses fins.

1. L'ŒUVRE S'ACHEVANT.

Au début de la pièce, le rideau se lève sur ce qui est à la fois un crépuscule et une aube. Crépuscule des temps anciens et aube des temps nouveaux. Le poste de radio que nous écoutons à travers l'écoute d'Olga annonce que le processus de libération est en train de s'achever. C'est la fin de ce qui est à la fois oppression, irrationalité et inhumanité, et l'avènement d'un monde qui sera à la fois liberté, raison et humanité (les trois, pour Sartre, étant toujours liées). Disons que c'est la victoire de la persuasion sur la force. « SPEAKER : Les armées allemandes battent en retraite sur *toute* la largeur du front. Les armées soviétiques se sont emparées de Kischnar, à quarante kilomètres de la frontière illyrienne. *Partout* où elles le peuvent, les troupes illyriennes refusent le combat ; de nombreux transfuges sont déjà passés du côté des alliés » (*M.S.*, p. 14. Je souligne). Ces mots sonnent comme un hymne triomphal : c'est le triomphe de Hoederer ; sa victoire est totale. Certes il est mort, mais les disciples ont repris le flambeau : « Et qu'est-ce que doit faire la veuve d'un homme politique ? » demande Jessica au début de la pièce.

« Elle entre dans le parti de son mari et elle achève son œuvre », répond Hugo (*M.S.*, p. 66). Et à la fin, Olga déclare à Hugo : « Alors il faut nous aider à poursuivre son œuvre » (*M.S.*, p. 244). Après la difficile négociation avec le Prince Paul et Karsky, négociation réussie, Hoederer se rend chez Hugo et Jessica et évoque ce qui est à la fois la fin d'une journée de travail et la fin d'une tâche : « HOEDERER : Il y a beaucoup de choses qu'il faudra que je t'explique. Mais demain. Demain nous parlerons tous les deux. A présent ta journée est finie, la mienne aussi. Drôle de journée, hein ? » (*M.S.*, p. 187). Et un peu plus loin :

HOEDERER : Cette affaire va finir...

HUGO, *vivement* : Quelle affaire ?

HOEDERER : L'affaire avec Karsky. Il se fait un peu tirer l'oreille, mais ça ira plus vite que je ne pensais.

HUGO, *violemment* : Vous...

HOEDERER : Cht. Demain ! Demain ! (*Un temps.*) Quand une affaire est en train de se terminer on se sent *désœuvré* (*M.S.*, p. 188. Je souligne).

Entre aujourd'hui et demain (plusieurs fois répété), Hoederer pose une *césure* : demain est un jour neuf, un commencement. Contrairement à son habitude, il s'est déplacé sans ses gardes du corps qu'il a laissé dormir. Ceux-ci se rendant compte de son absence, arrivent affolés. Hoederer déclare avoir « oublié » de les réveiller (*M.S.*, p. 291).

Comment interpréter cet « oubli » ou cet acte manqué de Hoederer qui semble

« IVAN : Dans la clandestinité je suis Ivan. Et toi?

HUGO : Raskolnikoff. »

Adaptation de *Crime et Châtiment* de Dostoïevski. Théâtre 14. Octobre 1990. Mise en scène J.-Cl. Amyl. Acteurs : Antoine Basler et Pierre Constant.

Ph. © Monique Rubinel/Enguerand.

« HUGO tape à la machine. Il paraît beaucoup plus jeune que dans la scène précédente. » Affiche de la pièce : représentation à la Maison des Arts et de la Culture de Créteil. Affiche de Michel Bouvet.

Ph. Rachel Lévy.

avoir agi comme dans un état second ?
Désir d'échapper durant quelques instants à la politique, ses soucis et ses dan-
gers ? Plus profondément peut-être, sentiment que son œuvre étant achevée, sa
vie n'a plus d'importance, qu'elle devient
une survie dont l'interruption est indifférente, voire souhaitable (comme celle
de ces malades en coma dépassé). Tel
Moïse devant la terre promise, il n'y
pénétrera pas. Il a fait son temps et seuls
ses descendants jouiront des fruits de
son œuvre. Quoi qu'il en soit, il évoque
en même temps la fin d'un jour et le
début d'un jour nouveau, la fin d'une
tâche et le début d'autres tâches ; la fin
de *sa* tâche et le début de tâches qui
seront celles des autres. Il a achevé ce
qu'il avait à faire ; aux autres à faire ce
qu'ils ont à faire. Ainsi à la fin de la pièce
apparaîtra-t-il comme l'auteur d'une
œuvre grandiose, c'est-à-dire d'une
œuvre qui concerne l'humanité entière :
« HUGO : Il aura sa statue à la fin de la
guerre, il aura des rues dans toutes nos
villes et son nom dans les livres d'histoire » (*M.S.*, p. 243). Et un peu plus
loin : « HUGO : Vous avez fait de Hoederer un grand homme » (*M.S.*, p. 246).
Hoederer apparaît donc comme ayant
accompli *son* œuvre, c'est-à-dire comme
ayant fait ce pour quoi il était fait. Sa vie
est devenue destin. S'il s'agissait d'interrompre l'accomplissement de l'œuvre,
Hugo l'a tué trop tard. S'il s'agissait
d'identifier la vie et la production de

l'œuvre, il l'a tué au bon moment. Sartre suggère ici visiblement une analogie entre œuvre politique et œuvre littéraire (Hoederer est l'auteur d'une œuvre politique comme un écrivain peut l'être d'une œuvre littéraire) : lorsqu'elle « explore » le bureau de Hoederer, Jessica est surtout intéressée par quelques feuillets de son écriture (*M.S.*, p. 124-125).

2. L'URGENCE.

C'est dans cette perspective qu'il faut replacer la perpétuelle menace qui pèse sur le personnage. « Il a donc bien peur votre patron ? » demande Jessica à Slick, et celui-ci répond : « Il n'a pas peur, mais il ne veut pas qu'on le tue » (*M.S.*, p. 79-80). Comprenons : la véritable menace n'est pas celle qui pèse sur la vie, mais celle qui pèse sur l'œuvre. Hoederer ne veut pas être tué avant de l'avoir achevée. La vie est seconde par rapport à l'œuvre. Ce n'est pas là « vain souci de la gloire », mais sentiment qu'un individu compte peu devant l'humanité, à laquelle l'œuvre est destinée.

Dans *La Cérémonie des adieux*, Sartre lie le théâtre à l'urgence : « Il y a quelque chose d'urgent dans une pièce. Il y a des personnages qui arrivent, qui disent : "Bonjour, comment vas-tu ?" et on sait que dans deux ou trois scènes, ils seront coincés dans une affaire urgente dont ils se sortiront probablement très mal. Ça c'est une chose qui, dans la vie, est rare. On n'est pas dans l'urgence ; on peut être sous le coup d'une grave menace, mais on n'est pas dans l'urgence. Tandis qu'on ne peut pas écrire une pièce sans qu'il y ait d'urgence. Et vous la retrouvez en vous-même cette urgence parce que ce sera celle des spectateurs. Ils vivront dans l'imaginaire un moment d'urgence. Ils se demanderont si Götz va mourir, s'il va épouser Hilda. De sorte que le théâtre qu'on écrit vous met, quand il est joué, dans une espèce d'état d'urgence tous les jours[1]. »

Et il existe bien, dans *Les Mains sales*, une course de vitesse entre Hoederer qui veut *achever* son œuvre et ses adversaires qui veulent empêcher cet achèvement. Il s'agit pour Hoederer d'accomplir sa tâche avant d'être tué ; il s'agit pour ses adversaires de le tuer avant qu'il ait accompli sa tâche. Le pivot de la pièce, nous l'avons déjà signalé, est à cet égard constitué par la négociation avec Karsky et le Prince Paul (T. IV, sc. 4) qui constitue l'achèvement de l'œuvre de Hoederer (à partir de là, mort ou vivant, sa politique s'accomplira). De là la nécessité, pour ses adversaires, de le tuer avant la rencontre avec les deux dirigeants politiques :

LOUIS : ... Il est autorisé à engager les pourparlers. Quand il reviendra avec des offres précises, il emportera le morceau.

1. Simone de Beauvoir, *La Cérémonie des adieux* suivi de *Entretiens avec Jean-Paul Sartre août-septembre 1974*, Paris, Gallimard, coll. Folio, 1987, p. 270.

OLGA : A quand la prochaine réunion ?

LOUIS : Dans dix jours. Ça nous donne toujours une semaine (*M.S.*, p. 47).

Et un peu plus loin, Louis déclare à Hugo à qui il vient de demander de collaborer au meurtre : « Il ne faut pas qu'il rencontre les envoyés du Régent. Ou en tout cas, il ne faut pas qu'il les rencontre deux fois, tu m'as compris ? » (*M.S.*, p. 53). C'est au moment de cette négociation qu'Olga lance sa bombe. Symétriquement, Hoederer attendant les envoyés du Régent fait montre d'une impatience anxieuse :

HOEDERER : Tu as du temps, toi.

HUGO : Vous n'êtes pas si vieux non plus.

HOEDERER : Je ne suis pas vieux, mais je suis visé. [...] Tu comprends, il vaudrait mieux pour eux que je ne puisse pas recevoir ces visites. [...]

HUGO : ... Vous avez peur ?

HOEDERER : De quoi ?

HUGO : De mourir.

HOEDERER : Non, mais je suis pressé, je suis tout le temps pressé. Autrefois ça m'était égal d'attendre. A présent je ne peux plus (*M.S.*, p. 134-135).

De même, dans la première scène du sixième tableau, après que Jessica a constaté « Vous êtes toujours si pressé... » (*M.S.*, p. 207), Hoederer lui accorde cinq minutes pour se reprendre. L'œuvre doit être achevée le plus rapidement possible. Il s'agit d'une course contre la mort, à la fois menace d'assassinat et mort naturelle (le fait d'être pressé est tout de même lié au vieillissement). Hoederer veut que son œuvre s'achève avant sa vie.

C'est qu'une œuvre inachevée n'existe pas. Ou elle est accomplie, ou elle est anéantie. L'alternative est entre l'achèvement et la destruction. Il n'y a pas de milieu, nous sommes dans une logique du tout ou rien. *Les Mains sales* cernent ces moments où la totalité des alternatives est condensée en une seule : l'instant d'un choix qui engage toute une vie. « Ce qui m'attire dans le théâtre, dit Sartre : le risque de tout perdre en une nuit[1]. » Ainsi le succès ou l'échec de la politique de Hoederer est-il réduit au succès ou à l'échec de ses négociations avec Karsky et le Prince Paul ; le succès ou l'échec des négociations est lui-même réduit à la venue ou non des négociateurs. Si Karsky et le Prince Paul ne viennent pas, alors la négociation n'a pas lieu, alors la politique de Hoederer est anéantie. Inversement, si Karsky et le Prince Paul franchissent la porte, alors la négociation est réussie et si la négociation est réussie, alors la politique de Hoederer triomphe. *La totalité d'une entreprise est contenue dans l'un de ses moments.* Ce lien entre le plus vaste et le plus infime, entre l'ensemble ou la totalité et un détail de cet ensemble ou totalité, est énoncé par Hoederer lui-même : « S'ils viennent, l'affaire est dans le sac ; mais s'ils ont eu peur au dernier

1. *T.S.*, p. 92-93.

moment, tout est à recommencer et je crois que je n'en aurais pas le temps » (*M.S.*, p. 133). La dramatisation très particulière du théâtre sartrien tient à ce qu'un acte déterminé met en jeu la totalité. La venue des négociateurs est un acte décisif, c'est-à-dire irréversible : il implique le succès ou l'échec *total* de la politique de Hoederer (avec le thème de l'urgence qui réapparaît en fin de phrase). De même, d'après Hoederer, si Hugo échoue dans la tentative de meurtre qu'il s'apprête à effectuer, il y renoncera définitivement : « Il y a cinq minutes de risque, pas plus. S'il ne fait pas son coup ce matin, il ne le fera jamais » (*M.S.*, p. 213).

La lutte est donc entre l'édification de l'œuvre et sa destruction, entre création et anéantissement, entre forces de vie et forces de mort, et l'optimisme de la pièce tient à ce que le triomphe de la vie sur la mort y est présenté comme inéluctable. On peut imaginer que les négociateurs ne viennent pas, comme le craint Hoederer, que les négociations n'aboutissent pas, que Hoederer soit assassiné avant qu'elles aient lieu. Mais c'est qu'alors Hoederer se serait trompé et *aurait pris la mort pour la vie*. Il y a toujours succès de la vie et échec de la mort. Hoederer voit les choses à l'endroit et sait distinguer la vie de la mort. C'est Hugo qui voit les choses à l'envers, prend la vie pour la mort et la mort pour la vie, l'affirmation pour la négation et la négation pour l'affirmation. La vision de Hoederer est conforme à la réalité, celle de Hugo l'inverse. Ainsi la politique d'alliance doit pour Hoederer conduire le Parti au succès, pour Hugo à l'échec. Ce que le spectateur est invité à conclure après avoir vu la pièce, c'est que la vision de Hoederer est la bonne, qu'elle est adéquate au réel, objective, en ce sens.

Le théâtre sartrien est hanté par la tragédie, mais c'est une antitragédie. Si la tragédie c'est le triomphe inéluctable de la mort, Sartre c'est le triomphe inéluctable de la vie. Si la tragédie c'est la mort comme destin, Sartre c'est la vie comme destin. Les références à la tragédie sont chez lui constantes (que l'on pense aux *Mouches* par exemple, ou à l'adaptation des *Troyennes*, pour le théâtre, mais on en rencontrerait aussi dans sa philosophie où la notion de liberté s'oppose et s'identifie à la fois à celle de destin). Cependant, lorsqu'il en parle, il en *inverse* le sens et l'imagine (à tort ou à raison, peu importe ici) sur le modèle de son propre théâtre, c'est-à-dire comme un univers dans lequel *la liberté est destin* : « La grande tragédie, celle d'Eschyle et de Sophocle, celle de Corneille, a pour ressort principal la liberté humaine. Œdipe est libre, libres Antigone et Prométhée. La fatalité que l'on croit constater dans les drames antiques n'est que l'envers de la liberté, les passions elles-mêmes sont des libertés prises à leur propre piège[1]. » On soulignera de

1. *T.S.*, p. 19.

même ce propos d'Oreste dans *Les Mouches* : « La liberté a fondu sur moi comme la foudre[1] », qui fait de la liberté une fatalité. La théâtrologie sartrienne oppose deux types de théâtre (Racine et Corneille, théâtre bourgeois et théâtre populaire, etc., peu importent les noms et les exemples) : un théâtre du déterminisme et un théâtre de la liberté, un théâtre de la passion et un théâtre de l'action, etc. L'important est de noter que chacune de ces deux formes est jugée en fonction de son réalisme (face à un faux réalisme, Sartre revendique un réalisme véritable) et que seul le théâtre de la liberté est considéré comme une image exacte du réel, l'autre en étant une image inversée. Le théâtre, s'il veut être vrai, c'est-à-dire nous intéresser, est contraint à représenter la liberté, plus exactement à identifier liberté et réalité, autrement dit, à faire de celle-ci un destin (je ne peux échapper à la liberté). Dit d'une autre manière, le théâtre de Sartre se donne comme une remise de la tragédie à l'endroit, c'est-à-dire comme une image inversée de la tragédie selon le schème suivant : réalité → image inversée de cette réalité (tragédie) → image inversée de cette image (théâtre sartrien). C'est l'envers d'un envers.

1. *Les Mouches*, Paris, Gallimard, coll. Folio, 1972, p. 210.

3. SAUVETAGES.

Nous retrouvons cette rencontre des contraires avec Hugo et Hoederer qui sont placés dans une étrange relation croisée. Tandis que Hugo pense à la mort de Hoederer, Hoederer pense à la vie de Hugo. Car la pièce nous présente une double entreprise : la tentative d'assassinat de Hoederer par Hugo et la tentative de sauvetage de Hugo par Hoederer. Hugo se met ou est placé dans des situations sans issue, débouchant sur sa mort (et éventuellement celle des autres). Hoederer (mais aussi Jessica et Olga, nous y reviendrons) interviennent alors pour le tirer de ces mauvais pas. Et il y a dans de nombreuses scènes, une *ironie* qui tient à ce que ce soit précisément celui que Hugo veut tuer qui cherche à l'aider :

HOEDERER : La jeunesse, je ne sais pas ce que c'est : je suis passé directement de l'enfance à l'âge d'homme.

HUGO : Oui. C'est une maladie bourgeoise (*il rit*). Il y en a beaucoup qui en meurent.

HOEDERER : Veux-tu que je t'aide ?

HUGO : Hein ?

HOEDERER : Tu as l'air si mal parti. Veux-tu que je t'aide ?

HUGO, *dans un sursaut* : Pas vous ! (*Il se reprend très vite.*) Personne ne peut m'aider (*M.S.*, p.137).

L'exclamation de Hugo, sous le coup de la surprise, est à mi-chemin entre la réplique et l'aparté. Elle est en effet compréhensible pour lui seul (et pour le spectateur) et ne constitue pas exactement un refus de la proposition de Hoederer, plutôt une tentative pour l'effacer, pour gommer l'idée qu'il puisse et veuille l'aider. Le jeune homme aurait en effet alors une difficulté de plus à surmonter. L'ironie tient à ce qu'une proposition d'aide soit perçue comme un comble (ça, c'est un comble!) et suscite un étonnement effrayé, c'est-à-dire soit considérée comme une conduite négative, comme un mal. Hugo vit dans un monde à l'envers (cf. aussi *M.S.*, p. 219).

Et d'un bout à l'autre de la pièce, nous assisterons aux actes ou tentatives de « sauvetage » de Hoederer :

— Dans T. III, sc. 3, l'intervention de Hoederer, appelé au téléphone, évite l'affrontement physique entre Slick et Georges d'un côté, Hugo de l'autre (*M.S.*, p. 89-90).

— Le second « sauvetage » effectué par Hoederer est celui par lequel il évite à Hugo de le tuer. Ayant compris après l'explosion de la bombe lancée par Olga, c'est-à-dire à la fin de T. IV, sc. 6, que Hugo veut le tuer, se l'étant entendu confirmer par Jessica, il refusera pourtant de le faire désarmer, et l'amènera à reconnaître qu'il est incapable de le tuer (T. VI, sc. 2). Nous reviendrons sur ces passages et sur la volonté de substituer la parole à la force. Il s'agit ici de sauver Hugo non pas en l'empêchant de tuer (le désarmer y suffirait) mais en l'amenant à renoncer à son projet et à abandonner son intention meurtrière. Ne pas répondre à la violence par la violence et *sauver l'autre de sa propre violence*, tel est le sens de l'attitude de Hoederer. Car la violence de Hugo est aussi bien auto-destructrice et d'une façon générale, négation de l'autre et négation de soi sont inséparables. Dit d'une autre façon : si Hoederer ne fait pas désarmer Hugo et adopte un comportement risqué, c'est qu'il ne cherche pas à *se* sauver, mais cherche à sauver Hugo, plus exactement à se sauver en sauvant Hugo (« ... Je vais essayer de sauver nos deux peaux ensemble » (*M.S.*, p. 221). Il y a en ce domaine, comme dans le domaine poli-tique, appréciation réaliste de la situa-tion, en l'occurrence de l'effet boome-rang de la violence. L'un ne peut se sauver par l'élimination de l'autre : les deux sont sauvés (ou perdus) *ensemble*. Ainsi s'explique le risque assumé par Hoederer (un peu étonnant si l'on pense par ailleurs aux précautions qu'il prend pour ne pas être tué). Qualifié de « romanesque » par Jessica (*M.S.*, p. 225), de « fou » et de « généreux » par Hugo (*M.S.*, p. 229), ce comportement est pourtant le seul possible si toute vio-lence infligée s'inverse en violence subie. Il y a donc, là encore, une lucidité de Hoederer : le risque est en la cir-constance inévitable, et la « générosité » ou la « folie » la seule raison.

— Troisième « sauvetage » : Hoede-rer empêche Hugo de se suicider (*M.S.*, p. 222-224).

Là encore, il s'agit d'empêcher le sui-cide par la force, seul type d'intervention possible dans ce qui est une situation d'urgence. Ce qui frappe, c'est que, à travers le dialogue, se dessinent de purs « actes sans paroles » (pour reprendre une expression utilisée par Denis Hollier) : un homme tente de se suicider et un autre, *physiquement*, l'en empêche.

— Dernier « sauvetage » de Hoederer enfin : après le meurtre et au moment de mourir, alors que Slick s'apprête à tirer sur Hugo, il accrédite la thèse du crime passionnel (*M.S.*, p. 230).

On notera, pour terminer, un geste de Hoederer qui pourrait passer inaperçu et semble n'être là que par souci de vraisemblance ou pour contribuer à l'atmosphère. A la fin de la scène des négociations, au moment où la bombe fait irruption dans le bureau, Hoederer s'écrie : « A plat ventre ! », exclamation suivie par ces mots : « *Il saisit Hugo par les épaules et le jette par terre. Les deux autres s'aplatissent aussi* » (*M.S.*, p. 151). Ce n'est peut-être pas un « sauvetage », mais en tout cas un geste de protection envers Hugo qui ressortit à la même attitude. Dans la pièce, les gestes ne sont que très rarement là pour « faire vrai » ; ils sont à peu près tous, même les plus discrets, supports de significations.

Que conclure de ces « sauvetages » successifs ? D'abord qu'ils consistent tous à interrompre un processus qui, abandonné à lui-même, conduisait Hugo à la mort (qui, en tout cas, est chaque fois un processus destructeur pour lui).

Quelle que soit leur forme, ce sont des actes, au sens le plus matériel du terme, qui viennent stopper d'autres actes (frapper, tuer, se suicider). Nous sommes chaque fois dans une situation d'urgence où le corps et la vie sont en jeu.

Par ailleurs, ils constituent la face négative (éviter la mort) du rôle d'éducateur et de père qui est celui de Hoederer auprès de Hugo. Il est en effet le seul à vouloir et pouvoir « aider » Hugo (Jessica, qui veut aussi venir en aide au jeune homme, a peu de pouvoir sur lui), c'est-à-dire lui faciliter le passage à « l'âge d'homme » : « Tu es un môme qui a de la peine à passer à l'âge d'homme, mais tu feras un homme très acceptable si quelqu'un te facilite le passage. Si j'échappe à leurs pétards et à leurs bombes, je te garderai près de moi et je t'aiderai » (*M.S.*, p. 218).

4. UN LONG ET DUR COMBAT.

Si l'on adopte un ordre chronologique, l'histoire narrée par la pièce est, dans la perspective de Hoederer, celle d'une lutte victorieuse. Elle débute au moment où il vient, à l'intérieur du Parti Prolétarien, de remporter un vote qui l'autorise à engager une politique d'alliance. Le fait qu'il ait eu une seule voix de majorité (« LOUIS : Le comité a accepté la proposition de Hoederer par quatre voix contre trois », *M.S.*, p. 50) fait du vote un affrontement incertain jusqu'au bout se terminant par le succès de Hoederer. Nous sommes dans un univers qui est d'un bout à l'autre celui de la lutte, même si elle a en l'occurrence la forme d'un vote. Il est par ailleurs important de noter, comme nous l'avons déjà suggéré, que la victoire sanctionne la justesse des vues politiques de Hoederer : elle est toujours, dans la pièce, celle de la vérité. Hugo réagira chaque fois à une victoire de Hoederer, et son refus ou sa négation apparaîtront chaque fois comme refus ou négation de la vérité : refus d'admettre que la politique de Hoederer est « la bonne », c'est-à-dire la seule adéquate à la réalité. Sartre lie réussite et vérité, échec et fausseté. Ce pourquoi *Les Mains sales* sont une pièce optimiste.

Le deuxième épisode de ce cheminement difficile mais victorieux est celui de la négociation avec Karsky et le Prince Paul par laquelle Hoederer gagne à sa politique le parti fasciste et le Pentagone. Là encore, la « négociation » n'est pas présentée comme un compromis entre propositions divergentes, mais comme une acceptation, par ses deux interlocuteurs, des propositions de Hoederer, c'est-à-dire selon le schéma affrontement → victoire. La construction de la scène est significative à cet égard. Sous les apparences d'un dialogue, elle fait en réalité se succéder deux monologues : en un premier temps, le Prince Paul et

Karsky parlent ; Hoederer écoute ; en un deuxième temps, Hoederer parle ; le Prince Paul et Karsky écoutent. Qu'impliquent cette structure et ce renversement ? D'abord qu'il ne s'agit pas de la recherche d'un compromis, mais que chacune des deux parties vise à imposer ses vues à l'autres. Ce qui apparaît très nettement dans le discours de Hoederer : « HOEDERER : Comme c'est tentant ! (*Il frappe sur la table.*) Bon. Eh bien nous avons fait connaissance ; à présent mettons-nous au travail. Voici mes conditions : un comité directeur réduit à six membres. Le Parti Prolétarien disposera de trois voix ; vous vous répartirèz les autres comme vous voudrez. Les organisations clandestines resteront rigoureusement séparées et n'entreprendront d'action commune que sur un vote du Comité Central. *C'est à prendre ou à laisser* » (*M.S.*, p. 145. Je souligne). Par ailleurs, si Karsky et le Prince Paul se soumettent finalement aux conditions de Hoederer, c'est que la position de force qu'il adopte dans la négociation n'est que le reflet du rapport des forces dans la réalité. Le discours de la force ne fait que répercuter la réalité de cette même force. Le renversement qui articule la scène fait passer Hoederer de la position d'auditeur à celle de locuteur, c'est-à-dire de l'état de dominé à l'état de dominant. Il est aussi passage de l'illusion à la vérité. Là où ses interlocuteurs parlent au nom d'un faux rapport entre les forces (ils n'ont que l'apparence ou l'illusion de la force), Hoederer tient un discours conforme à la réalité. Alors que ses interlocuteurs cherchent à le tromper (à lui jeter de la poudre aux yeux) en usant du langage comme d'un leurre (c'est le discours du Prince Paul), il leur présente une image adéquate du réel. Et s'ils finissent par accepter ses propositions, c'est qu'ils en reconnaissent la vérité. La question de la répartition des sièges est à cet égard significative : elle reflète la force relative de chacun des courants politiques en présence.

Dans le dernier tableau enfin, ultime épisode de cette lutte victorieuse, Hugo et le spectateur apprennent que les opposants à Hoederer à l'intérieur du Parti Prolétarien ont adopté sa ligne politique.

Il s'agit, pour les opposants du Parti Prolétarien aussi, d'une reconnaissance des rapports de force réels : ils sont contraints, par l'U.R.S.S., à conduire une politique d'alliance. La victoire de Hoederer est complète : c'est un triomphe du vrai sur le faux. Disons, provisoirement, de la raison sur la passion. Hugo reste le seul irréductible.

Nous avons donc affaire à la progressive expansion des idées de Hoederer, à la phase terminale d'un processus de développement ou d'un mouvement de propagation, qui fait qu'elles deviendront celles de l'humanité tout entière.

Hugo, en les refusant, ne s'exclut pas d'un groupe, il s'exclut de l'humanité (disons qu'il refuse l'humanité en lui). *Les Mains sales* s'achèvent par la glorification de Hoederer. Cet irrésistible mouvement — qui fut aussi un long et dur combat — concerne d'abord le Parti Prolétarien, puis l'ensemble des partis politiques illyriens, enfin l'ensemble de la population (à laquelle s'adresse le speaker au début de la pièce). Et ce qui se passe sur le plan national est relayé par la guerre sur le plan international : retournement de Stalingrad ; proche victoire des Alliés qui prolonge la victoire de Hoederer et l'étend au monde entier. Si Sartre a choisi le « milieu » de la Seconde Guerre *mondiale*, c'est, entre autres raisons, pour indiquer que l'affrontement dont il nous parle est universel et que la victoire dont il est question est celle de tous les hommes, est la victoire, en tous et en chacun, pour tous et pour chacun, de l'humanité (sur ce que l'on ne peut appeler autrement que l'antihumanité — barbarie, oppression, exploitation, aliénation, etc.). Nous rejoignons, par ce biais, l'aspect mythique ou universel qu'il voulait conférer à son théâtre : ce qui est glorifié, ce n'est pas l'individu Hoederer, nous n'avons pas affaire à un « culte de la personnalité ». Sartre insiste, nous l'avons suffisamment souligné, sur le fait que ses personnages n'ont pas de caractéristiques qui les individualisent. Hoederer — c'est un pseu-

donyme, nous dit-on, et sa « fiche signa-
létique » est vide — est un anonyme.
C'est le nom donné à l'humanité, cet
apanage de tous et de chacun.

5. CONVAINCRE.

Car le schéma qui structure la pièce est
bien celui d'un conflit et d'une victoire,
mais d'une victoire où le vainqueur ne
rejette pas le vaincu, mais l'intègre, c'est-
à-dire le dépasse en le conservant. Il
s'agit très exactement d'une « aufhe-
bung », d'un mouvement dialectique, en
termes sartriens d'un mouvement de
totalisation. Le « suicide » final de Hugo
est bien destiné à marquer son irréductibilité, mais en même temps il l'intègre au
processus historique, puisqu'il constitue
aussi une reconnaissance de l'« inélucta-
bilité » de celui-ci. Ce qui est en effet
frappant dans *Les Mains sales*, c'est que
la victoire de Hoederer n'est pas obtenue
par la force (la force peut éliminer, elle
ne peut pas intégrer) mais par la parole
(nous avons noté qu'il répondait : « Je
lui parlerai » à Jessica qui lui suggérait
de faire désarmer Hugo). Seule la persuasion est dialectique et pour Hoederer,
il s'agit, c'est le maître mot de la pièce,
de *convaincre*.

J'utilise le terme de « persuasion » faute d'en trouver un meilleur pour désigner l'action de
convaincre. Mais il n'est pas entièrement satis-

« LOUIS : ... Voilà la situation : d'un côté le gouvernement fasciste du Régent qui a aligné sa politique sur celle de l'Axe... »
Hongrie 1938. Horthy et Hitler.
Ph. © Edimédia.
Entrée de l'amiral Horthy (régent de Hongrie) en Slovaquie.
Ph. © J.-L. Charmet.

faisant. Il s'agit en effet d'un terme qui appartient au vocabulaire de la rhétorique et qui désigne l'effet d'une technique de *manipulation*. Sartre affirme parfois que le personnage de théâtre doit être « éloquent », qu'il doit être « un orateur ». Il estime que le mensonge, c'est-à-dire une forme de manipulation, est parfois nécessaire. Il se situe pourtant aux antipodes de tout usage rhétorique du langage : chercher à « convaincre », ce n'est pas chercher à séduire ou fasciner (fût-ce pour la bonne cause), c'est au contraire s'adresser à la raison et à la liberté d'autrui. Pour Hoederer, le langage est « logos » — raison parlant à la raison — et non magie. Nous nous séparons sur ce point de l'interprétation de Francis Jeanson[1] pour qui Hoederer agit par « la magie du verbe ».

1. Voir Dossier, p. 232-235.

Le terme est lancé par Jessica après que Hugo a pris la décision de tuer Hoederer le lendemain :

JESSICA : ... Pourquoi n'essaies-tu pas de le convaincre ?

HUGO : De le convaincre ? Qui ? Hoederer ?

JESSICA : Puisqu'il se trompe, tu dois pouvoir le lui prouver (*M.S.*, p. 185).

Il sera plusieurs fois repris, tout au long de la pièce, par divers personnages.

On notera, dans le passage cité, la répétition du terme qui a pour fonction de l'extraire du contexte et par là de le mettre en relief. Le procédé est chaque fois le même : le mot est repris par un auditeur qui manifeste par ce redoublement son étonnement incompréhensif ou son désaccord. (D'autres termes dans la pièce sont ainsi répétés plusieurs fois :

ils acquièrent alors une autonomie et frappent le lecteur tout à fait indépendamment de leur contexte. C'est le cas de « mains » par exemple qui apparaît dans de nombreuses expressions toutes faites : « travailler de ses mains », « coup de main », etc.)

Hoederer ne cherche donc pas à assimiler ou à supprimer — les deux sont une négation de l'autre —, mais à dépasser (au sens dialectique du terme). Persuader, ce n'est pas faire fi des rapports de force, c'est en tenir compte pour aller au-delà. La persuasion a deux contraires : la violence ou la force d'une part ; l'idylle d'autre part. Sur le plan politique, c'est une vision idyllique (et bien évidemment mensongère) des choses que présente le Prince Paul : les divergences seraient momentanées et secondaires entre des hommes qui seraient fondamentalement d'accord : « LE PRINCE : ... Voilà comment il arrive que des hommes également honnêtes, également dévoués à leur patrie se trouvent séparés momentanément par les différentes conceptions qu'ils ont de leur devoir. (*Hoederer rit grossièrement.*) Plaît-il ? » (*M.S.*, p. 142). Et Hoederer qui déjà « rit grossièrement » n'aura pas de peine, un peu plus loin, à ironiser sur les bons sentiments et la volte-face de ses interlocuteurs. Il y a peu de temps, constate-t-il, la plus extrême violence régissait les rapports entre le Pentagone et le Parti Prolétarien. « Aujourd'hui tout le monde s'embrasse » (*M.S.*, p. 146). L'accord politique n'est pas un effacement des divergences : il les reconnaît, pour tenter, *dans une situation donnée*, de les dépasser. Sur le plan individuel, même tentation de l'idylle : « JESSICA : Hugo, ce serait si bien, tu réconcilierais tout le monde, tout le monde serait content, vous travailleriez tous ensemble « (*M.S.*, p. 185) ; même ironie de Hoederer : « ... Tout est bien, voyons ! Tout le monde est réconcilié, tout le monde s'aime » (*M.S.*, p. 104). C'est un aspect notable de la pièce que cette superposition — par exemple lors de la « visite » de Georges et Slick chez Hugo et Jessica — de la fiction d'une politesse et de la réalité d'un conflit ou d'une hostilité sous-jacents. Cette politesse très ostentatoire — qui est surtout le fait de Jessica — constitue d'ailleurs elle-même une agression pour des êtres qui n'ont jamais appris les « bonnes manières » comme Georges et Slick, voire Hoederer. Celui-ci refusera de se laisser impressionner par la courtoisie agressivement ironique de la jeune femme.

C'est ce mouvement d'intégration qui caractérise l'ensemble de la pièce et auquel obéit le dialogue sartrien : il expose le plus souvent la découverte, la prise de conscience étonnée, par l'un des personnages, du décalage, quand ce n'est pas de la contradiction, entre ce à quoi il pense et ce à quoi pense son interlocuteur. Nous en avons vu un exemple avec Hugo qui, voulant tuer Hoederer, découvre que celui-ci veut l'aider. En voici un autre : Hugo se réfugie dans la chambre d'Olga pour éviter les tueurs. Ceux-ci partis, il revient dans la pièce où se trouve la jeune femme :

> *Olga va à la porte et l'ouvre. Hugo sort.*

HUGO : C'était ta sœur.

OLGA : Quoi ?

HUGO : La photo sur le mur, c'était celle de ta sœur (*M.S.*, p. 30).

Depuis le début du tableau, Hugo se demande quelle photo il y avait à côté de la sienne dans la chambre d'Olga. Il est de retour avec la réponse. Un bref instant, les deux personnages ont réciproquement conscience qu'ils ont vécu dans deux univers mentaux totalement étrangers l'un à l'autre. Ils découvrent en somme l'autre, c'est-à-dire à la fois sa présence et son altérité. *Les Mains sales* — et sans doute est-ce un élément important de l'œuvre de Sartre en général — sont fondées sur un conflit entre intégration (totalisation) et dispersion, désintégration, dissociation. Le dialogue de la pièce, partagé entre propos sans suite (comme dans une conversation de tous les jours) et « grandes scènes » (les monologues de Hugo, le débat avec Hoederer, l'échange final avec Olga, par exemple) rend bien compte de cette allure heurtée. La totalisation peut être à un moment donné achevée, mais ne l'est jamais définitivement : il n'est de totalisation que d'une situation déterminée, et celle-ci se transformant, la totalisation est à reprendre. La totalité est toujours « détotalisée ».

Hoederer apparaît donc comme l'homme de la persuasion. Tous les personnages de la pièce, sans exception, y compris les femmes, sont porteurs à un moment ou à un autre d'une arme. Sans parler de Louis, des gardes du corps, ni de Hugo lui-même, Olga a un revolver au début et à la fin ; elle lance une bombe ; Jessica cache le revolver dans son corsage, elle l'apporte à Hugo, etc. *Hoederer seul ne touche jamais une arme.* Ou plutôt, geste symbolique s'il en est, il ne prend en main le revolver que pour l'enlever à Hugo et le « jeter » (comme un instrument hors d'usage) sur son bureau. Et l'alternative qui nous est proposée par la pièce peut en effet se formuler ainsi : Hugo se séparera-t-il de son revolver ou non ? Choisira-t-il la violence ou la parole ? Il est de même frappant que, face aux tueurs qui le menacent en permanence, Hoederer ne prenne jamais les devants, les armes n'ayant qu'un usage éventuel et défensif. Ayant compris, puis s'étant vu confirmer par Jessica que Hugo voulait le tuer, il refuse donc de le faire désarmer par un de ses gardes du corps (cf. *supra*, p. 68). « Je veux le convaincre », dit-il (*M.S.*, p. 213). Il ne s'agit pas exactement pour Hoederer de convaincre Hugo de ne pas le tuer, plutôt de le convaincre qu'il a *tort* de vouloir le tuer. Et il faut bien ramener ici une vieille notion ; celle de *raison*. L'enjeu du « débat » avec Hugo, nous l'avons noté, est de savoir qui a raison. La politique est affaire de raison et Hoederer fait toujours appel à la raison de ses interlocuteurs. Nous ne sommes finalement pas si loin de *La République* de Platon et de la cité gouvernée par un philosophe. Il y a du Socrate chez ce vieux chef communiste. Avec toutefois cette différence capitale : chez Platon il s'agit de rejeter la force (en termes platoniciens la passion), de l'expulser hors de la cité ; ici la raison consiste à la fois à reconnaître et limiter la réalité de la force. Ainsi le mensonge est-il, *dans certaines situations*, inévitable. Ainsi l'usage du meurtre politique n'est-il pas condamnable en soi. Il est là encore des situations dans lesquelles il s'offre comme la seule issue : « Je n'ai pas d'objection de principe contre l'assassinat politique. Ça se pratique dans tous les partis », déclare Hoederer (*M.S.*, p. 135). Cet aspect rationnel des *Mains sales* correspond tout à fait à ce que Sartre relevait chez Brecht : « Ainsi l'imagination pour Brecht n'est que la médiation entre la raison et son objet[1] .»

1. *T.S.*, p. 177.

6. SITUATION ET LIBERTÉ.

Il existe dans *Les Mains sales* au moins trois grandes scènes de persuasion :

— La négociation entre Hoederer, Karsky et le Prince Paul (T. IV, sc. 4).

— Le « débat » entre Hugo et Hoederer (T. V, sc. 3).

— La scène au cours de laquelle Hoederer essaie de convaincre Hugo de ne pas le tuer (T. VI, sc. 2).

Dans aucun de ces cas, il ne s'agit donc de persuader au sens rhétorique du terme (c'est-à-dire de manipuler les interlocuteurs, d'agir sur leurs passions ou de les tromper). Parler, ce n'est pas imposer quoi que ce soit, mais *faire appel* à ce qui est à la fois la raison et la liberté de l'autre. Hoederer, dans de telles scènes, ne parle pas en son nom. Il n'est que le porte-parole de l'autre en tant qu'être doué de raison, miroir reflétant ce qu'il penserait, dirait ou ferait s'il agissait selon la raison, c'est-à-dire s'il se comportait comme une liberté-en-situation. Car le propre de la raison est, en chacun, de considérer en l'autre l'être raisonnable. Deux schémas se présentent : soit l'appel à la raison est rejeté (c'est par exemple le cas de Hugo au cours de son « débat » avec Hoederer) ; soit l'appel à la raison est entendu et nous avons alors affaire à une réciprocité : me reconnaissant comme être raisonnable, je ne peux que reconnaître l'autre comme étant lui aussi un être raisonnable. Hoederer se reconnaissant comme doué de raison reconnaît par là même son interlocuteur comme doué de raison. Si celui-ci adhère à cette reconnaissance (se reconnaît comme être raisonnable), il reconnaît par là même Hoederer comme être raisonnable. Bref, je ne peux reconnaître la raison en moi sans la reconnaître en tous, et la pièce peut se lire comme une victoire de la raison comme communauté sur la passion comme antagonisme.

On perçoit bien cette réciprocité par exemple dans les propos de Hoederer à Karsky et au Prince Paul. Loin de les condamner ou d'essayer de les dominer (de les influencer), il les comprend, c'est-à-dire leur tient *leur* discours et leur expose *leur* pensée. Derrière les propos et attitudes de façade, il met à jour leur *vrai* discours et leur *vraie* pensée. Là comme ailleurs, il ne fait que refléter la réalité :

KARSKY : Hoederer, c'est en luttant contre l'Allemagne que tant des nôtres sont tombés et je ne vous laisserai pas dire que nous avons pactisé avec l'ennemi pour sauver nos privilèges.

HOEDERER : Je sais, Karsky. Le Pentagone était antiallemand. Vous aviez la partie belle : le Régent donnait des gages à Hitler pour l'empêcher d'envahir l'Illyrie. Vous étiez aussi antirusse, parce que les Russes étaient loin. [...] Mais les Russes se rapprochent, avant un an ils seront chez nous ; l'Illyrie ne sera plus tout à fait seule. Alors ? Il faut trouver des garanties. Quelle chance si vous pouviez leur dire : le Pentagone travaillait pour vous et le Régent jouait double jeu.

Seulement voilà : ils ne sont pas obligés de vous croire. Que feront-ils ? Hein ? Que feront-ils ? Après tout nous leur avons déclaré la guerre (*M.S.*, p. 147).

Pour caractériser de tels passages, et bien qu'ils n'en aient pas les marques formelles, il faudrait parler de style indirect libre (mélange ici du discours de l'énonciateur et de celui qu'il rapporte, en l'occurrence celui de son interlocuteur). Hoederer, en effet, n'essaie pas d'imposer *sa* pensée, mais, avec un mélange de satisfaction et de pitié, d'agressivité et de sympathie, d'extériorité et d'identification, énonce le cheminement de celle de ses interlocuteurs. Caractéristique à cet égard l'utilisation du style direct (bien qu'il n'y ait pas de guillemets) par lequel il rapporte les propos que ses adversaires pourraient tenir aux Russes (et qu'il utilise ailleurs, par exemple avec Hugo). Disons plus précisément qu'il expose la pensée de ses auditeurs et la sienne en tant qu'elles sont identiques. Et si cette pensée est « transindividuelle », c'est qu'elle est « objective », qu'elle constitue une représentation conforme au réel (tout le monde est d'accord sur la conduite à tenir devant l'arrivée des Russes, même si cette conduite constitue pour les uns un échec, pour les autres un succès). La politique, c'est en somme l'effacement de la subjectivité devant l'objectivité, plus simplement, la prise en compte des rapports de force (ici le retournement de l'avantage dans la guerre en faveur des Russes, se traduisant sur le plan national par la position dominante du Parti Prolétarien) : il y a identité de la pensée de Hoederer et de celle de ses adversaires, en tant qu'elles sont raison, c'est-à-dire prise en compte de la situation.

C'est donc là que nous retrouvons la notion sartrienne de « situation ». La raison n'est rien d'autre que la capacité de considérer ce qui est possible dans une situation donnée, c'est-à-dire l'aptitude à comprendre que la transformation réelle d'une situation passe par la prise en considération des limites qu'elle impose. Une entreprise de libération ne vise pas à libérer certains hommes du pouvoir d'autres hommes, mais à libérer les hommes de l'oppression. C'est là l'un des grands thèmes sartriens : ma libération est aussi libération de celui qui m'opprime, car celui qui m'opprime n'est oppresseur qu'en tant qu'il est opprimé. Se libérer, c'est donc toujours postuler la libération de l'humanité entière. Il ne s'agit pas de changer les hommes, mais de changer les situations. Celle dont les hommes pâtissent dans *Les Mains sales* est la division de la société en classes. Il s'agira donc de supprimer les classes : « HOEDERER : Le mensonge, ce n'est pas moi qui l'ai inventé : il est né dans une société divisée en classes et chacun de nous l'a hérité en naissant. Ce n'est pas en refusant de mentir que nous abolirons le mensonge : c'est en usant de tous les moyens pour supprimer les classes. » Un peu plus loin : (Le Régent) « a fait ce que n'importe quel type de sa caste aurait fait à sa place. Nous ne luttons ni contre des hommes, ni contre une politique, mais contre la classe qui produit cette politique et ces hommes » (*M.S.*, p. 197).

Autrement dit, c'est en tant que victime que l'homme est bourreau, c'est l'oppression en lui qui opprime. C'est dans cette perspective que tous les moyens sont bons pour lutter contre l'inhumain. A la différence de Hoederer qui veut changer la situation, Hugo, lui, veut changer les hommes : « Quant aux hommes, ce n'est pas ce qu'ils sont qui m'intéresse, mais ce qu'ils pourront devenir » (*M.S.*, p. 200).

Face à la raison, on appellera passion ou folie toute négation de la situation comme donnée incontournable. Hoederer a le plus souvent pour objectif d'amener ses interlocuteurs à comprendre qu'ils doivent surmonter ou maîtriser leurs passions ou sentiments.

Il cherche à faire admettre à Hugo qu'il doit mettre sa haine entre parenthèses. Cette haine est dirigée contre les oppresseurs qui sont « les plus grands fils de putain de la terre » (*M.S.*, p. 155). Le jeune homme parle du « sale groin » de Karsky (*M.S.*, p. 159), des « bouches mornes et frivoles » (*M.S.*, p. 150) qui fréquentaient le milieu paternel, ce père, qu'utilisant une litote, il déclare ne pas aimer.

C'est peut-être face à Karsky que la conduite de Hoederer se manifeste de la façon la plus nette. Durant toute la scène Karsky ne cesse de protester, de crier, de vouloir partir. Il déclare considérer cette négociation comme un coup de force de Hoederer qui l'aurait fait tomber dans un piège. Il faudra que celui-ci le menace d'une alliance à deux avec le Prince et fasse miroiter la perspective d'une « liquidation définitive » du Pentagone, pour qu'il finisse par se laisser convaincre, non sans difficultés. C'est que Hoederer ne se paie pas de mots et lui montre quelle sera *la réalité* s'il n'accepte pas les propositions qui lui sont faites. Son propos ne constitue pas une menace, mais un constat. Autrement dit — et c'est une proposition somme toute bien traditionnelle — la raison est la pensée en tant qu'adéquate au réel, alors que la passion est aveuglement à cette même réalité. L'irréalisme de Karsky n'est d'ailleurs pas sans rappeler celui de Hugo : Hoederer parle de la « pureté » de l'un comme de l'autre.

La politique de négociation implique que chacun fasse abstraction de ses haines. Le paradoxe est peut-être que, dans cette affaire, passion et morale soient du même côté, face à la politique : il y a un cynisme et un amoralisme de Hoederer qui consiste à mettre à nu la réalité comme rapport de forces. Mais cette *connaissance* n'est qu'un moment de l'entreprise par laquelle la force sera dépassée.

1

2

3

« LOUIS : ... de l'autre notre Parti qui se bat pour la démocratie, pour la liberté, pour une société sans classe. »

Trois tracts :

1. « Le fascisme vient à voler le combat organisé des travailleurs. »
2. « Trahison des bureaucrates et des syndicats. »

Tracts de Karoly Laszlo Hay, 1935.

3. « A bas la guerre d'intervention. »

Tract de Bela Ban, 1935.

Par ailleurs, la même scène nous permet de mieux cerner la notion de situation. Sans doute une situation est-elle constituée par un lieu et un moment déterminés. Mais elle est solidaire de la totalité de l'espace et du temps. Si l'on prend en compte la seule Illyrie, le rapport des forces joue nettement en défaveur du Parti Prolétarien. Mais le rapport des forces en Illyrie n'est pas ce qui compte. Le rapport des forces déterminant est le rapport des forces dans la guerre, c'est-à-dire le rapport des forces *mondial*. *Les Mains sales* sont une critique du nationalisme en politique, car l'individu n'est pas en situation dans son village, sa région ou son pays, mais en situation dans le monde. Et bien évidemment, le conflit de classe à l'intérieur de l'Illyrie vient s'encastrer dans le conflit mondial.

De même, au cours du « débat » Hugo-Hoederer, la politique de négociation est présentée comme la meilleure politique (voire la seule possible), dans les circonstances données. Elle résulte, elle aussi, d'une prise en considération de la situation :

HUGO : Et le meilleur moyen que vous avez trouvé pour lutter contre elle [la classe des oppresseurs], c'est de lui offrir de partager le pouvoir avec vous ?

HOEDERER : Parfaitement. *Aujourd'hui* c'est le meilleur moyen (*M.S.*, p. 197-198. Je souligne).

Et, Hoederer parlant des membres du Parti qui ne sont pas d'accord avec sa politique souligne : « S'ils ont désapprouvé ces négociations, c'est tout simplement qu'ils les jugent inopportunes ; en d'autres circonstances ils seraient les premiers à les engager » (*M.S.*, p. 199). Le « débat » entre les deux hommes porte sur l'alternative suivante, où nous retrouvons l'opposition entre la persuasion et la violence : prise du pouvoir par l'alliance ou prise du pouvoir par la force. Mais Hoederer n'exclut ni l'une ni l'autre a priori. Le choix doit être fait en fonction de la situation.

7. FOI ET CONFIANCE.

Ce sont les mêmes composantes que nous retrouvons dans la scène 2 du sixième tableau, où Hoederer « persuade » Hugo de ne pas le tuer. Il ne s'adresse pas à lui sur le mode de l'injonction (l'injonction est tentative de contraindre), il ne cherche pas exactement à agir sur lui par sa parole. Il se met à sa place et comme un miroir lui renvoie une image de lui-même : celle d'un homme, c'est-à-dire d'un être doué de raison. Après avoir parlé à Hugo, Hoederer lui tourne le dos pour préparer une tasse de café. Libre de tirer, Hugo n'y parvient pas. Cette impossibilité constitue moins un effet des propos de Hoederer que la preuve qu'ils reflètent la réalité.

Quelles sont les caractéristiques de la raison ?

— Elle est prise en considération de l'autre, c'est-à-dire du fait que l'autre peut avoir raison et que je peux avoir tort. Elle est donc capacité d'adopter le point de vue d'autrui, fût-il un adversaire qui a des opinions contraires aux miennes (c'est le cas dans *Les Mains sales*). La démarche de Hoederer consiste à amener Hugo à admettre qu'il pense qu'il peut se tromper et que son interlocuteur peut être dans le vrai. Il ne s'agit donc pas de le faire évoluer ou de tenter de le changer en le faisant passer de la certitude au doute, mais de lui *révéler* que sa certitude n'est pas absolue. La parole de Hoederer ne constitue pas une action, elle ne transforme pas Hugo (nous serions alors dans le domaine de la magie), elle constitue une connaissance : elle montre au jeune homme ce qu'il pense (nous sommes dans le domaine de la rationalité) : « HOEDERER : ...Nous ne sommes jamais tout à fait sûrs d'avoir raison. Tu es sûr d'avoir raison toi ? » (*M.S.*, p. 217). Un peu plus loin : « HOEDERER : Tu me regardes et au moment de tirer voilà que tu penses : "Si c'était lui qui avait raison ?" Tu te rends compte ? » (*M.S.*, p. 218). Déjà Jessica lui faisait remarquer que s'il prenait Hoederer pour un « social-traître », la réciproque n'était pas à exclure : « Et lui, s'il savait ce que tu prépares, est-ce qu'il penserait que tu es un social-traître ? » (*M.S.*, p. 181). Face à quoi, la « folie » de Hugo consiste à refuser d'admettre qu'il peut avoir tort (cf. *M.S.*, T.V. sc. 2, p. 180-182 et 203).

Symétriquement à Hoederer qui est l'homme de la raison, Hugo est l'homme de la *foi*. Le Parti est son Église. Louis en est le pape (il possède l'infaillibilité). Olga apprend à Hugo que le comité s'est réuni pour voter sur une proposition de Hoederer dont elle ignore la teneur. Elle sait « seulement que Louis est contre ». « Alors s'il est contre, répond Hugo, je suis contre aussi. Pas besoin de savoir de quoi il s'agit » (*M.S.*, p. 45). Et dans la scène suivante, il déclare à Louis : « Olga et toi vous m'avez tout appris et je vous dois tout. Pour moi, le Parti c'est vous » (*M.S.*, p. 52). Voulant tirer sur Hoederer, il s'étonne de n'y pas parvenir, estimant que le Parti est tout-puissant et que ses ordres peuvent faire du premier venu un tueur.

Les Mains sales peuvent se lire comme une condamnation implacable du fanatisme en politique, c'est-à-dire de l'attitude selon laquelle « il faut tuer les gens qui n'ont pas vos idées » (*M.S.*, p. 180), et comme un plaidoyer pour la tolérance. Hoederer traite Hugo de « fakir » et de « moine » (*M.S.*, p. 198), et l'on soulignera cette phrase : « ... Et il n'y a pas de ciel. Il y a du travail à faire, c'est tout » (*M.S.*, p. 222). Plus peut-être que d'une confrontation entre « morale et praxis », il s'agit d'un débat entre religion et politique. La politique est affaire de raison et non de croyance. Hugo, comme il le dit, « se trompe de porte » et confond politique et religion. Il navigue entre foi et confiance. La foi est en effet le mouvement qui va du fidèle à la Divinité ou à l'Idole (ici le Parti, Louis ou Olga) et qui appelle en retour la *confiance*, mouvement qui va de l'Idole au fidèle. C'est là un autre maître mot de la pièce — il apparaît très fréquemment — Hugo demandant par exemple à Louis de lui faire « vraiment confiance » ou s'estimant investi d'une « mission de confiance ». Avoir la confiance d'autrui est son exigence essentielle. Il l'érige par là en Idole, même lorsqu'il s'agit de sa femme Jessica. Et le « traître », autre mot qui revient souvent, est soit le fidèle qui trompe ou déçoit la confiance de la Divinité (ainsi Hugo ne parvenant pas à tuer Hoederer), soit la Divinité qui trahit la foi du fidèle. Hoederer est un traître, parce que avec sa politique d'alliance il manque à la foi des croyants (en l'occurrence les militants du Parti Prolétarien). *Les Mains sales* exposent ainsi le thème du Dieu ou du Père traître, avec, par exemple — mais il en est d'autres dans la pièce —, le « retournement » final des opposants à Hoederer. Cette foi a une indiscutable connotation enfantine (Hugo et Jessica sont, dans les premières scènes, deux enfants qui jouent). La tâche éducative de Hoederer, nous l'avons noté, est de faire parvenir Hugo à « l'âge d'homme », c'est-à-dire de le faire passer de l'univers de la foi et de la croyance au monde de la raison (et l'expression « l'âge d'homme » renvoie à cet autre titre sartrien : « l'âge de raison »).

La foi est cependant pour Hugo aveuglement à sa vraie nature : il est fait pour être un intellectuel, c'est-à-dire un homme de raison (qui pense, autrement dit doute et examine).

C'est ce que lui dira Hoederer. Plus exactement, il le reflétera comme un être contraint à penser, laissant à Hugo le soin d'apprécier la vérité de cette image. Celui-ci s'est toujours plaint de ce que « ça parlait trop dans sa tête », c'est-à-dire a toujours rejeté la pensée comme une force étrangère s'imposant à lui. Hoederer conservera à la pensée son caractère inéluctable, mais la présentera comme une force appartenant à Hugo et constitutive de sa subjectivité ou de son « moi » (non plus « ça pense en moi », mais « tu penses ») :

HUGO : N'importe qui peut tuer si le Parti le commande.

HOEDERER : Si le Parti te commandait de danser sur une corde raide, tu crois que tu pourrais y arriver ? On est tueur de naissance. Toi, tu réfléchis trop : tu ne pourrais pas (*M.S.*, p. 217).

Un peu plus loin :

HOEDERER : Tu y penserais [à savoir « si c'était lui qui avait raison »] : *un intellectuel il faut que ça pense...*

HUGO : Je vous dis que je n'y penserais pas !

HOEDERER : *Tu ne pourrais t'en empêcher* (*M.S.*, p. 218. Je souligne).

Hugo se trouve donc confronté à une représentation de lui-même comme être voué à penser (comme être pensant, comme homme). La raison consiste à reconnaître la vérité de cette image, c'est-à-dire à admettre le fait que l'individu doit tenir compte d'un donné qui limite sa liberté (il est fait pour ceci et non pour cela). Autrement dit encore, la raison est reconnaissance de ce que je suis « en situation ». Hugo est perpétuellement placé face à une image de lui-même qu'il récuse (il est un intellectuel, il ressemble à son père, il a été convaincu par Hoederer, etc.) et occupé à lui en substituer une autre qu'il cherche à imposer aux autres et à lui-même (celle du tueur).

Enfin, la raison est faculté de prospection. Elle fait que j'envisage les conséquences d'un acte : « HOEDERER : ... Avant même de presser sur la gâchette tu aurais vu toutes les conséquences possibles de ton acte : tout le travail d'une vie en ruine, une politique flanquée par terre, personne pour me remplacer, le Parti condamné à ne jamais prendre le pouvoir... » (*M.S.*, p. 213). De même, dans sa confrontation avec Hugo, Hoederer avait envisagé les conséquences d'une prise de pouvoir par la force (dans le sillage de l'Armée rouge) et celles d'une prise de pouvoir par l'alliance (cf. *M.S.*, p. 193-194).

Tous ces passages évoquent un mouvement progressif d'expansion et de propagation qui va à la fois du présent vers l'avenir et de la cause vers la conséquence. La raison accompagne le cours des événements, elle suit l'ordre de leur production, allant de l'acte à son effet. Cet aspect est symétrique et complémentaire du précédent. Il s'agissait alors d'envisager l'activité comme une *vocation* (Hugo n'a pas vocation à tuer, mais à penser), c'est-à-dire les capacités de chacun comme une résultante : du passé individuel, mais aussi familial, national, à la limite de la totalité du passé. Le mouvement allait toujours de la cause à l'effet, mais du passé vers le présent. L'acte est donc situé à la confluence du passé et de l'avenir (le présent est replacé dans le temps) et envisagé à la fois comme cause et comme effet, comme pouvoir et comme passivité. La raison est cette faculté qui prend du recul par rapport à l'action, la contemple du dehors et la replace dans la durée, en un mouvement qui va de la cause à l'effet, du passé vers le présent et du présent vers le futur.

8. LE TALON D'ACHILLE.

Il est cependant un domaine où la force demeure, semble-t-il, indépassable : celui de la sexualité. Disons qu'elle est en chacun la part de violence qui n'est susceptible d'aucune sublimation. La mort n'arrivera finalement pas par les tueurs du Parti, mais par Jessica, dont la présence s'avérera fatale à Hoederer. Bien que méfiant, et tenant la jeune femme éloignée, il cédera lorsqu'elle viendra « s'offrir » : « Je n'ai pas l'habitude de refuser ce qu'on m'offre et voilà six mois que je n'ai pas touché à une femme » (*M.S.*, p. 226). S'abandonnant à une impulsion strictement érotique (alors que pour Jessica il s'agit d'amour) : « ... Je crois que je vous aime pour de vrai » (*M.S.*, p. 227), Hoederer se laisse emporter par son corps et, pour une fois, oublie de « situer » son comportement et d'en mesurer les effets.

On soulignera, à cet égard, trois caractéristiques :

D'abord que la pièce pose d'un bout à l'autre une violence de la sexualité, jusqu'au « crime passionnel » final. Le rapport sexuel est le plus souvent évoqué comme un viol. Hoederer prive Georges et Slick de femmes car il veut en faire des « bêtes sauvages » (*M.S.*, p. 78). Il donne ce conseil à Jessica : « ... quand ton mari s'en va, tu t'enfermes et tu n'ouvres à personne — pas même à moi » (*M.S.*, p. 103), et un peu avant le baiser qui provoquera le drame, lui déclare : « ...Tu ne veux tout de même pas que je te renverse sur ce divan et que je t'abandonne ensuite » (*M.S.*, p. 227). De tels propos font du sexe quelque chose d'archaïque et de primitif, sur quoi la civilisation n'a pas prise : des mâles frustrés se jettent sur la seule femelle à leur portée pour avoir ce que Hoederer appelle leur « suffisance ». Il y a constamment dans la pièce une insistance mise sur la privation difficilement supportable que représente dans cet univers exclusivement masculin l'absence de femmes.

D'autre part il existe une perpétuelle inquiétude de Hoederer face à l'attrait érotique de Jessica, comme s'il pressentait que là réside l'immaîtrisable, qui engendrera la catastrophe. Dès leur première rencontre il interroge :

HOEDERER : ... C'est à cause de toi qu'ils voulaient en venir aux mains ?

JESSICA : Pas encore.

HOEDERER : Que ça n'arrive jamais (*M.S.*, p. 91-92).

Et l'on ne sait trop si cette dernière phrase constitue un ordre ou une formule conjuratoire. De même, la beauté et l'odeur de Jessica ne sont pas pour lui des qualités, mais des défauts et ses propos un peu brutaux suscitent l'ironie de la jeune femme :

HOEDERER, *la regardant toujours* : Je croyais que tu serais laide.

JESSICA : Je suis désolée.

HOEDERER, *la regardant toujours* : Oui. C'est regrettable.

JESSICA : Faut-il que je me rase la tête ?

HOEDERER, *sans cesser de la regarder* : Non (*M.S.*, p. 91).

Durant tout cet échange, Hoederer regarde continûment Jessica. Aucune indication ne nous est donnée sur le sens de ce regard (plaisir? curiosité? méfiance?). Il contribue simplement à marquer l'intensité de l'effet qu'elle produit sur lui : il la regarde fasciné, comme s'il avait deviné qu'elle lui apportait la mort. C'est la séduction du corps féminin qui est ici mise en cause et considérée sinon comme une fatalité maléfique, en tout cas comme un danger.

Enfin, la menace qu'elle représente fait que Jessica est constamment tenue à distance par Hoederer. Il y a une incongruité de cette présence féminine dans un monde exclusivement masculin (qui apparaît de façon nette, par exemple, lorsque nous apprenons que Hoederer veut un secrétaire marié) et le décor rétablit une séparation entre un espace des hommes (en gros le bureau de Hoederer) et un espace féminin (le pavillon occupé par le couple, avec « des vêtements de femme sur toutes les chaises », *M.S.*, p. 58). Et s'il est impératif que Jessica ne laisse pas pénétrer les hommes dans son espace, il est tout aussi impératif qu'elle ne pénètre pas dans l'espace masculin. De façon très caractéristique (et que nous retrouverons à d'autres niveaux de la pièce) l'événement décisif en ce domaine n'est pas tant le contact proprement dit (le baiser par exemple) que la pénétration de Jessica dans l'espace de Hoederer ou inversement l'entrée de celui-ci (ou de ses gardes du corps) dans l'espace de Jessica. Celle-ci ne doit pas franchir la porte du bureau : « Jessica, on t'a défendu d'entrer dans ce bureau » (*M.S.*, p. 119), s'écrie Hugo qu'elle vient de surprendre manipulant la cafetière. Hoederer arrivant questionne : « Qui l'a laissée entrer ? » (*M.S.*, p. 129) et la scène se termine par : « Allez, ouste, disparais et ne remets plus les pieds ici » (*M.S.*, p. 132). Dans la scène qui suit, Hoederer insiste sur l'interdiction faite à Jessica, la liant à la « menace » érotique que constitue sa présence : « Alors, défends-lui de remettre les pieds ici » (*M.S.*, p. 132), ordonne-t-il à Hugo. Dans T.VI, sc. 1, après l'avoir laissée entrer avec réticence, il lui accorde cinq minutes pour parler et dans T.VI, sc. 3, il essaie vainement de la mettre dehors : « HOEDERER : Va-t'en ! (*Elle ne bouge pas.*) [...] Il est encore temps de t'en aller, mais dans cinq minutes il sera trop tard. Tu m'entends ? (*Elle ne bouge pas.*) » (*M.S.*, p. 226). Cette réplique évoque un moment d'équilibre entre deux forces avant que l'une ne commence à prendre l'avantage. On voit qu'il s'agit d'une lutte entre les deux personnages (Jessica et Hoederer), lutte dans laquelle Hoederer sera vaincu. La question est bien : finira-t-elle par l'amener à faire l'amour ?, mais l'enjeu est déplacé et devient : parviendra-t-elle à entrer dans son bureau ? Si elle y parvient, tout le reste suit, ou comme il est dit lors de la venue de Karsky et du

Prince Paul, « l'affaire est dans le sac ». Et pour respecter la « tonalité » de la pièce, il ne faut pas effacer la dimension physique de cet affrontement : chaque fois Hoederer est sur le point de prolonger son propos en geste pour mettre la jeune femme dehors. S'il cherche à « convaincre » Hugo, avec Jessica il s'agit d'un pur conflit de forces (d'un bras de fer).

Plus largement, c'est l'entrelacs des domaines public et politique d'un côté, privé et sexuel ou sentimental de l'autre qui provoque le meurtre dont on ne sait pas s'il est politique ou passionnel. Tout au long de la pièce, le thème conjugal et familial vient s'inscrire en filigrane. Pour Hoederer, il est fait allusion à un mariage qui s'est avéré incompatible avec son activité politique. Se rendant chez Hugo et Jessica, la négociation avec Karsky et le Prince Paul achevée, il évoque le foyer familial : « Quand j'étais député au Landstag, j'habitais chez un garagiste. Le soir je venais fumer la pipe dans leur salle à manger. Il y avait une radio, les enfants jouaient... (*Un temps.*) Allons je vais me coucher. C'était un mirage » (*M.S.*, p. 189). C'est le rêve d'un bonheur inaccessible. Non parce qu'il est passé, mais parce que même au cours de ces soirées chez le garagiste, Hoederer demeurait séparé d'une famille qui n'était pas la sienne. De façon analogue, Jessica, voulant sauver Hugo sur le point de se dénoncer lui-même, explique qu'elle est enceinte et qu'« il se regarde dans la glace pour savoir s'il a l'air d'un père de famille » (*M.S.*, p. 158). Il y a dans ce rapprochement inattendu entre un père de famille et un assassin un comique un peu grinçant : être un « père de famille », voilà qui est incompatible avec le type d'engagement politique choisi par Hugo. L'action politique — au moins dans *Les Mains sales* — exclut toute forme de vie privée. L'intimité familiale apparaît bien dans la pièce, mais comme *ce qui manque*.

*

La parole de Hoederer ne constitue donc pas une tentative pour transformer autrui, mais pour lui révéler ce qu'il est. Elle en appelle à sa raison pour lui montrer qu'il est un être raisonnable. Cet appel, Hugo refusera de l'entendre. Seule la violence — en l'occurrence le meurtre — lui apparaîtra pouvoir venir à bout de cette autre violence que constituent pour lui la « trahison » de Hoederer et le succès de ses « combines ».

V TUER

Si *Les Mains sales* exposent le triomphe de Hoederer et la victoire de la persuasion sur la force, il n'en reste pas moins que Hugo est au centre de la pièce — il apparaît dans 25 scènes sur 29 — et lui confère son unité. Il a à cet égard la prééminence sur Hoederer.

1. UN PERSONNAGE CENTRAL.

Lorsque Hoederer est présent sur scène, Hugo, Jessica, ou les deux, le sont toujours aussi. Ce qui, de Hoederer, n'est pas apparent pour nos deux personnages, ne l'est pas non plus pour le spectateur (par exemple, la fin de la négociation avec Karsky et le Prince Paul, à laquelle Hugo n'assiste pas, a lieu hors scène). Inversement, toute une part de Hugo (pour l'essentiel son intention meurtrière), visible pour nous, demeure cachée à Hoederer et à ses gardes du corps. Une complicité est ainsi créée entre le spectateur et le personnage. Nous percevons ce que Hoederer et ses proches ne perçoivent pas. Ainsi, après que Olga a lancé sa bombe, Hugo s'écrie plusieurs fois : « Les salauds ! » (*M.S.*, p. 152, 153, 154). L'expression qualifie les lanceurs de bombe. Mais pour ceux qui ignorent la « mission » de Hugo, il les accuse ainsi pour avoir tenté de tuer les négociateurs. En réalité notre personnage les traite de « salauds » parce qu'ils ne lui ont pas fait confiance. La tension dramatique de nombreuses scènes repose sur cette « vision avec », sur cette identification du spectateur à Hugo.

Ainsi vivons-nous dans l'imaginaire l'épisode de « la fouille » de son point de vue. Par deux fois l'intention de fouiller est affirmée, puis abandonnée. A la surprise de Hugo et à la nôtre, Jessica insiste alors pour que la fouille ait lieu. Nouvelle surprise : les gardes du corps ne trouvent rien. Nous croyons que tout est terminé, sans trop comprendre où a bien pu passer le revolver. C'est alors que Hoederer, toujours soupçonneux, demande à Hugo d'ouvrir une nouvelle fois sa valise. Il ne trouve que des photos. Ce n'est qu'à la dernière scène du tableau que nous apprendrons, toujours en même temps que Hugo, que Jessica avait caché le revolver dans son corsage. Nous oscillons perpétuellement entre deux perspectives : le revolver va être découvert (tension) ; le revolver ne sera pas découvert (soulagement). Comme Hugo, nous savons qu'il y a un revolver ; mais toujours comme lui, nous ignorons que Jessica s'en est emparé. De même dans T.IV, sc.6, Hugo se dénonce à Georges et à Slick, mais en termes si voilés et si allusifs qu'ils ne les comprennent pas, Jessica donnant d'ailleurs aux propos du jeune homme un sens qui aiguille les deux gardes du corps sur une fausse piste. Comme lors de la fouille, le « suspense » vient de ce que nous savons ce qu'ignorent ces derniers.

D'autre part, de tous les personnages de la pièce, Hugo, nous l'avons noté, est de loin celui dont les caractéristiques biographiques sont les plus abondantes et les plus précises. Il entretient ses interlocuteurs de son père (aucune allusion à sa mère), de son enfance, du milieu familial, etc. Nous savons notamment qu'il a vingt et un ans au début de l'action qui se situe en mars 1943 (alors que tout ce que nous pouvons dire de Hoederer c'est qu'il est d'âge mûr).

Enfin il est le seul personnage important qui se retrouve aux deux « niveaux » de la pièce (T.II-VI d'une part, I et VII d'autre part). Après son emprisonnement, il occupe la position qui était celle de Hoederer : seul face à un collectif, il est désormais celui qui doit être tué. Par ailleurs, l'action qui fait l'unité de chacun de ces deux niveaux le concerne essentiellement. Celle des tableaux II-VI obéit au schéma acte projeté → acte effectué. Elle se situe entre le moment où Hugo se charge de tuer Hoederer et celui où il le tue. Celle des tableaux I et VII obéit au schéma question → réponse. La question est : Hugo est-il « récupérable » ? (OLGA : ... Nous ne pouvons pas nous permettre de liquider ce garçon sans même examiner s'il est récupérable » (*M.S.*, p. 27). La réponse est donnée par Hugo lui-même (c'est le dernier mot de la pièce) : « Non récupérable » (*M.S.*, p. 247).

A chacun des deux niveaux, notre personnage se trouve face à une alternative. Il découvre d'abord qu'une fois chargé d'abattre Hoederer il est pris dans une situation à laquelle il n'y a que deux issues : tuer ou être tué. C'est ce que vient lui rappeler Olga (*M.S.*, p. 172).

Plus que d'hésitations, il s'agit pour Hugo d'un dilemme. Il s'avère incapable de choisir : « Écoute : si demain je n'ai pas tué, il faut que je disparaisse ou alors que j'aille les trouver et que je leur dise : faites de moi ce que vous voudrez. Si je tue... (*Il se cache un instant le visage avec la main.*) Qu'est-ce qu'il faut que je fasse ? Que ferais-tu ? » (*M.S.*, p. 179). Et le cinquième tableau constitue « le moment du choix[1] » où, après avoir essayé de convaincre Hoederer, Hugo déclare : « Demain matin je finirai le travail » (*M.S.*, p. 203). C'est le dernier mot du tableau.

L'alternative finale peut se formuler de la façon suivante : ou Hugo renie le meurtre de Hoederer et les tueurs ne l'abattent pas ; ou il « revendique » ce meurtre et il est abattu. Plus schématiquement, s'il ne tue pas Hoederer, il vit ; s'il le tue, il meurt. On voit qu'il s'agit de l'alternative inverse de la précédente : sa mort et celle de Hoederer sont liées. Mais dans les deux cas, nous avons affaire à une situation extrême selon la définition qu'en donne Sartre : « Il faut porter sur la scène des situations limites, c'est-à-dire qui présentent des alternatives dont la mort est l'un des termes[2]. » Par ailleurs, cette seconde alternative ne fait que reprendre la situa-

1. « Ce que le théâtre peut montrer de plus émouvant est un caractère en train de se faire, le moment du choix » (*T.S.*, p. 20).

2. *T.S.*, p. 20.

20 mars 1948 :
Jean-Paul Sartre avec
David Rousset, salle
Wagram à Paris. Meeting
du Rassemblement
Démocratique
Révolutionnaire.
Ph. © Keystone.

La signature du
Pacte germano-soviétique.
Staline/von Ribbentrop.
Ph. © Keystone.

tion initiale qui a motivé l'assassinat : le choix est à nouveau entre la victoire de Hoederer et le meurtre.

2. POURQUOI TUER HOEDERER ?

Il existe deux types de motifs qui poussent Hugo à l'assassinat. Le premier concerne la politique de Hoederer ; le second, Hugo lui-même.

Au nom d'une intransigeance morale et d'une fidélité aux « principes », il est prêt à sacrifier sa vie comme celle des autres à son idéal. Sa condamnation de la politique de Hoederer, qu'il semble parfois sur le point de reconsidérer, sera finalement maintenue d'un bout à l'autre de la pièce et plusieurs fois réaffirmée :

— Le « débat » avec Hoederer (T.V, sc.5), loin de le convaincre, le décide à finir le « travail ».

— Après la tentative d'assassinat manquée (T.VI, sc.2), il réaffirme son désaccord : « Mais il ne faut pas vous y tromper : sur ce que nous avons discuté hier soir je ne serai jamais d'accord avec vous. Je ne serai jamais des vôtres et je ne veux pas que vous me défendiez. Ni demain, ni un autre jour » (*M.S.*, p. 223).

— Dans le septième tableau enfin, il répète à Olga qu'il n'a pas changé d'avis : « Écoute : Je ne sais pas pourquoi j'ai tué Hoederer mais je sais pourquoi j'aurais dû le tuer : parce qu'il faisait de mauvaise politique, parce qu'il mentait à ses camarades et parce qu'il risquait de pourrir le Parti... Olga, ce que je pensais sur la politique de Hoederer, je continue à le penser » (*M.S.*, p. 245-246).

Il est un point qui suscite des réactions particulièrement violentes de sa part : le mensonge (cf. *supra*, p. 52). Il constitue pour lui l'inacceptable par excellence car il fait de l'autre un objet : « A quoi ça sert de lutter pour la libération des hommes si on les méprise assez pour leur bourrer le crâne » (*M.S.*, p. 197). Hugo pointe ici une contradiction qui consiste, pour libérer les hommes, à utiliser un moyen qui les asservit. Et à Hoederer pour qui le mensonge est produit par une société divisée en classes, il oppose son expérience, son vécu du mensonge : « Hoederer, je... je sais mieux que vous ce que c'est que le mensonge ; chez mon père tout le monde se mentait, tout le monde *me* mentait. Je ne respire que depuis mon entrée au Parti » (*M.S.*, p. 196). Le long passage qui, dans cette scène, est consacré au mensonge fait contraster l'aplomb de Hoederer et un Hugo suffoqué à l'idée qu'un dirigeant du Parti puisse mentir. C'est qu'une telle conduite (un Dieu ou Père menteur et trompeur) le renvoie à son enfance et à son milieu familial. Le Parti, selon Hugo univers de la transparence, est censé être aux antipodes de ce monde « truqué ». On y rencontre pourtant le mensonge. Le jeune homme retrouve son milieu d'origine au cœur même de son milieu d'élection. C'est au fond, dans la pièce, son expérience cruciale : fuyant son père, sa famille et sa classe dans le Parti, il retrouve père, famille et classe au moment où il s'en croit le plus éloigné. Face à Karsky, il s'écrie : « Mon dieu ! Ce sont les mêmes. Les mêmes qui venaient chez mon père « (*M.S.*, p. 150). De façon semblable, se retrouvant chez Olga après son emprisonnement, il entend tenir les propos que tenait autrefois Hoederer : « HUGO : Tout ce qu'il disait ! Tout ce qu'il disait ! C'est une farce » (*M.S.*, p. 243).

Il faut par ailleurs noter que, contrairement à ce qu'une lecture un peu hâtive de la pièce pourrait laisser croire, l'affrontement entre Hugo et Hoederer n'est pas entre deux lignes politiques ou deux entreprises. A qui se demande, en effet, quelle peut bien être la ligne politique de Hugo et de son camp, elle apparaît extrêmement difficile à cerner. Louis nous dit que « le Parti se bat pour la démocratie, pour la liberté, pour une société sans classe » (*M.S.*, p. 49). Hugo, que « le Parti a un programme, la réalisation d'une société sans classe, et un moyen : l'utilisation de la lutte de classes » (*M.S.*, p. 194). Mais tout cela reste à un tel niveau de généralité que n'importe quel communiste pourrait y souscrire. Quant à la forme concrète de la lutte de classes, aux moyens de la réalisation du programme, quelques mots de Hugo seulement : « L'Armée rouge chassera le Régent et nous aurons le pouvoir pour nous seuls » (*M.S.*, p. 192). Le pouvoir est donné de façon automatique et Hugo n'a visiblement pas réfléchi à ce que peut être son exercice. Il est de même souvent question des « idées » de Hugo :

« HOEDERER : C'est vrai : tu as des idées, toi. Ça te passera.

HUGO : Vous croyez que je suis le seul à en avoir ? Ça n'était pas pour des idées qu'ils sont morts les copains qui se sont fait tuer par la police du Régent ?... » (*M.S.*, p. 195).

Mais nous ne saurons jamais quelles sont ces idées. Refus de l'oppression, justice, libération des hommes, sans doute, mais ce sont là des idéaux dont les contours restent bien indéfinis et qui, dans la pièce, demeurent vides de tout contenu.

C'est que le conflit présenté dans *Les Mains sales* est entre d'une part la mise en œuvre d'une politique et d'autre part les tentatives pour empêcher cette mise en œuvre, entre une entreprise et une action qui vise à l'interrompre. Le « débat » entre Hugo et Hoederer ne présente pas deux positions symétriques, mais l'affirmation et la négation d'une même position. Un seul objet est en question (la politique d'alliance) d'un côté posé, de l'autre nié.

On relèvera, dans cette perspective, s'agissant de la confrontation Hoederer-Hugo (T.V, sc.3) :

— Que le jeune homme ne parle pas de sa conception des choses, mais de celle de Hoederer (pour la rejeter ou la condamner).

— Que ses répliques sont pour la plupart des réponses, c'est-à-dire des réactions aux propos de Hoederer.

— Qu'enfin, soit syntaxiquement, soit sémantiquement (dans leur sens), ses énoncés sont des négations.

Nous n'avons donc pas affaire à un face à face où deux hommes exposeraient des positions différentes, voire antagonistes, mais à un choc (une collision) entre deux mouvements contraires qui donne à la scène comme à la pièce dans son ensemble, sa tension et pour tout dire, sa violence.

Un procédé stylistique fréquemment employé renvoie à cette structure conflictuelle : l'utilisation de formules dont l'une est la négation de l'autre :

HUGO : Bien sûr que si, j'en serais capable.

JESSICA : Non, tu n'en serais pas capable.

HUGO : Si.

JESSICA : Non... (*M.S.*, p. 61).

HUGO : Tous les moyens ne sont pas bons.

HOEDERER : Tous les moyens sont bons quand ils sont efficaces (*M.S.*, p. 197).

Et nous avons cité quelques-unes des nombreuses antithèses qui se rencontrent dans la pièce (les sentiments ne se commandent pas/ ils se commandent ; Je n'y penserais pas/ tu y penserais, etc.). On voit qu'il ne s'agit pas de dialogue, de discussion ou d'argumentation, mais d'un combat verbal où chaque interlocuteur vise à annuler les propos de l'autre. Les paroles s'échangent comme des coups.

Mais le désaccord avec la politique de Hoederer n'est pas la seule explication du meurtre. Hugo ne pense pas simplement que la mort de Hoederer est une nécessité politique. Il souhaite le tuer *lui-même*. « Je ferai l'affaire moi-même » (*M.S.*, p. 53).

C'est qu'il espère par cet acte, et pour dire les choses de la façon la plus simple, conférer une réalité à son engagement politique, cesser de faire des gestes, pour enfin parvenir à accomplir un acte (le geste étant, dans le langage sartrien, une imitation d'acte), cesser en somme de jouer, pour agir. Déjà son père lui avait dit : « Moi aussi, dans mon temps, j'ai fait partie d'un groupe révolutionnaire ; j'écrivais dans leur journal. Ça te passera comme ça m'a passé » (*M.S.*, p. 44). Et Georges : « Seulement il y a un monde entre nous : lui c'est un amateur, il y est entré [au Parti] parce qu'il trouvait ça bien, pour faire un geste » (*M.S.*, p. 96). A ceux qui sont entrés au Parti « parce qu'ils ne pouvaient pas faire autrement », poussés par la faim et la misère, Georges oppose ceux qu'aucune nécessité ne contraignait à y entrer. Ceux-là n'en sont pas et n'en seront jamais *vraiment*. C'est cette non-coïncidence avec son propre engagement qui constitue le drame de Hugo et lui fait déclarer qu'il est « de trop », qu'il n'a pas « envie de vivre » (*M.S.*, p. 45). Exclu du monde bourgeois, dont il refuse les valeurs, il n'appartient pas non plus au monde prolétarien. Ne pouvant se réclamer d'aucune collectivité, il éprouve un pénible sentiment d'irréalité auquel son meurtre est censé le faire échapper en le consacrant membre à part entière de sa communauté d'élection (le Parti). Mais l'expérience du meurtre sera pour lui déceptive, et ne lui apportera pas ce qu'il en attend : la coïncidence avec soi. Cet aspect du personnage se manifeste à travers trois oppositions thématiques : théâtre/réalité ; légèreté/poids ; appropriation/dépossession.

D'emblée, Hugo, qui est chargé du journal du Parti, oppose l'écriture à l'action (cf. *M.S.*, p. 45 et 222).

A Hoederer qui lui déclare fermement que l'écriture est un acte (pensons au Sartre de la « littérature engagée » et de l'instrumentalité du langage), il répond qu'elle n'est qu'un geste (l'évidente allusion à Hamlet — « Des mots ! Toujours des mots ! » — souligne le caractère théâtral de cette réponse : Hugo dénonce le théâtre en langage de théâtre).

La référence théâtrale est omniprésente dans *Les Mains sales*, depuis les premières scènes entre Hugo et Jessica qui se situent sur le plan du jeu, jusqu'aux dernières avec Olga où Hugo s'interroge sur la réalité de son acte. Car sa découverte est celle-ci : il n'est pas du tout sûr que le meurtre lui-même, qui avait pourtant pour fonction de le faire accéder à la réalité, soit réel. Il ne lui semblera pas, lui non plus, « tout à fait vrai » (*M.S.*, p. 235-236).

C'est donc l'indiscernabilité de l'acte et du geste qui se révèle à Hugo : il n'existe pas d'acte pur, qui ne soit pas contaminé par la théâtralité, qui ne soit pas aussi un geste. C'est ce qui déjà apparaissait après l'épisode de la bombe. Hugo monologuant dénonçait la théâtralité inhérente aux comportements humains : « Écoutez donc : un père de famille, c'est jamais un vrai père de famille. Un assassin, c'est jamais tout à fait un assassin. Ils jouent, vous comprenez... » (*M.S.*, p. 159). Là encore, il y a adéquation entre le fond et la forme : Hugo monologue sur le théâtre, c'est-à-dire parle du théâtre en utilisant un type de discours qui se désigne lui-même comme appartenant à ce que Sartre appelle la « langue théâtrale » (le monologue est une unité codée de cette langue).

Certains aspects de la pièce s'expliquent dans cette perspective. Par exemple le fait que le temps imparti à Olga pour essayer de sauver Hugo — de

9 heures à minuit (*M.S.*, p. 28-29) — corresponde au moment et à la durée d'une représentation théâtrale. Ou encore le caractère ludique de certains dialogues entre Jessica et Hugo, notamment dans T.III, sc.1. S'agit-il d'individus réels qui conversent, ou d'acteurs qui disent les répliques d'un rôle ?

Nos personnages apparaissent comme deux acteurs travaillant « l'expression » et cherchant le ton juste. Il y a à ce moment-là indistinction entre le personnage amoureux et l'acteur interprétant le rôle, entre Hugo et Jessica et les comédiens qui les incarnent[1].

1. Voir dans le dossier l'article de Denis Hollier, p. 239-242.

On est frappé par le nombre de rapprochements avec d'autres œuvres théâtrales suscités par *Les Mains sales* chez certains commentateurs. *Hamlet* (des répliques de la pièce y font clairement référence) ; *Jules César* ; *Lorenzaccio* ; *Cinna*, pour ne citer que quelques titres célèbres. C'est avec *Les Justes* de Camus que notre pièce est le plus fréquemment comparée. S'agissant de ce dernier cas, et toute question de thématique ou de sens mise à part, nous noterons simplement que la pièce de Sartre se distingue par le rôle qu'y ont les gestes et les objets (à peu près absents chez Camus).

Autre façon pour Hugo de désigner son irréalité : la légèreté. Son meurtre est destiné à lui donner du poids. Il est *chargé* (je souligne) de tuer Hoederer, et l'expression « chargé de mission », ou « chargé d'une tâche » revient fréquemment (entre autres *M.S.*, p. 158 et 172).

L'une des caractéristiques du « style » de Sartre dans la pièce est de restituer leur pouvoir d'évocation concrète et matérielle (leur littéralité) à des expressions toutes faites, qui appartiennent au langage courant le plus usé.

Et là encore pour le jeune homme, l'expérience sera déceptive : le crime s'avérera « horriblement léger ». Dès son arrivée chez Hoederer, Hugo constate qu'il n'a pas acquis la pesanteur espérée : « Bon Dieu, quand on va tuer un homme, on devrait se sentir lourd comme une pierre « (*M.S.*, p. 114). Après l'assassinat se répétera le même constat, à la fois ironique et désespéré : « Je me trouvais trop jeune ; j'ai voulu m'attacher un crime au cou comme une pierre. Et j'avais peur qu'il ne soit lourd à supporter. Quelle erreur : il est léger, horriblement léger. Il ne pèse pas » (*M.S.*, p. 236). On ne peut s'empêcher de penser au titre de Kundera *L'Insoutenable Légèreté de l'être* et il s'agit bien du même paradoxe : que la légèreté soit connotée péjorativement alors que toute une tradition (pensons par exemple à Baudelaire) nous a au contraire appris à faire du poids une antivaleur.

Troisième façon enfin d'envisager le meurtre : comme un objet que Hugo s'approprie ou dont il est dépossédé : « Voilà un crime embarrassant. Personne n'en veut. Je ne sais pas pourquoi je l'ai fait et vous ne savez qu'en faire » (*M.S.*, p. 244). L'assassinat est bien évoqué comme une chose, avec surtout l'expression finale qui en fait un objet inutilisable. Après l'épisode de la bombe, Hugo réaffirme sa volonté de tuer « lui-même » (*M.S.*, p. 176). C'est qu'il fait ainsi du meurtre sa propriété et à l'inverse, lorsque Olga lance sa bombe, lorsqu'il est question que le Parti le remplace, Hugo se sent dépossédé. Problématique qui apparaît de façon particulièrement nette dans le dernier tableau. Il y est question de l'assassinat comme d'un objet dont il s'agit de savoir si Hugo doit le conserver ou s'en séparer : « Bon. Alors, moi, je suis récupérable. Parfait. Mais tout seul, tout nu, sans bagages [...] Le crime, on ne le récupère pas, hein ? C'était une erreur sans importance. On le laisse où il est, dans la poubelle » (*M.S.*, p. 244). Tentative pour lui enlever ce qu'il possède en toute légitimité. A la limite, il ne s'agit plus d'une question de possession, mais d'unité. Hugo et *son* crime ne font qu'un et l'on veut couper un continuum : « Je n'arrivais pas à *séparer* le meurtre de ses motifs » (*M.S.*, p. 234. Je souligne). L'un des sens de la fin de la pièce est le suivant : jusque-là, il y avait Hugo d'un côté, le crime de l'autre. En « tuant » Hoederer une seconde fois, il lie les deux indissolublement et il épouse le destin de son acte : « non récupérable ».

3. LES OBSTACLES.

Quelle que soit la force de ses motifs, malgré le caractère inébranlable de sa conviction au sujet de la politique de Hoederer, ce n'est qu'en surprenant Jessica entre les bras de celui-ci qu'il parviendra à le tuer. Ce qui frappe d'abord, c'est son incapacité à accomplir l'acte meurtrier. Au début du troisième tableau, qui se situe dix jours après son arrivée chez Hoederer, à Jessica qui constate : « Voilà dix jours que tu prends des grands airs pour m'impressionner et finalement l'autre vit toujours » et lui déclare : « ... il faut en finir aujourd'hui même », il répond : « Aujourd'hui c'est inopportun » (*M.S.*, p. 123).

Par deux fois il paraît être sur le point de tirer lorsque surgit un obstacle extérieur. C'est d'abord la bombe lancée par Olga (*M.S.*, p. 151). C'est ensuite Jessica qui s'interpose lorsque, à la fin du « débat » avec Hoederer, la tension étant devenue extrême, Hugo semble s'apprêter à saisir son revolver (*M.S.*, p. 200). Aurait-il effectivement tiré ? C'est ce qu'il affirme, mais rien n'assure qu'il dit vrai et que l'obstacle extérieur et occasionnel ne masque pas une résistance plus intérieure et plus profonde. En tout cas, lorsqu'un peu plus tard Hoederer lui tournera le dos il ne parviendra pas à l'abattre. Dans les deux exemples cités, il y a une amorce de « passage à l'acte » qui n'est pas préméditée, mais se produit lorsque la tension provoquée en Hugo par le comportement ou les propos de Hoederer a atteint son paroxysme.

La question qui se pose est bien celle de la capacité de Hugo à tuer Hoederer, mais entendue dans sa dimension la plus littérale : sa capacité à tirer, à appuyer sur la gâchette. L'accomplissement de l'acte peut seul prouver sa capacité à l'accomplir. Entre le moment qui précède immédiatement et le moment du tir, il y a un hiatus, une discontinuité que rien ne peut combler. Le comportement de Hugo au moment de tuer est *absolument* imprévisible, quelle que soit la proximité de ce moment.

Avoir le doigt sur la gâchette n'est pas tirer et rien n'autorise à conclure de l'un à l'autre. Est posée, dans *Les Mains sales*, une *irréductibilité de l'acte* qui ne peut être contenu, de quelque manière que ce soit, dans ce qui le précède, qui n'est pas inclus dans l'intention que je peux avoir de l'effectuer, dont l'accomplissement est de toute façon hétérogène à la représentation que je m'en fais. L'acte que j'accomplis peut être conforme à mes prévisions, réaliser l'image que j'en ai, il n'en demeure pas moins *qu'en tant qu'acte*, il échappe à toute anticipation.

C'est cette hétérogénéité de l'acte par rapport à l'intention que Hugo refuse de prendre en compte, participant d'un mode de pensée magique, pour lequel vouloir c'est agir :

HOEDERER : Tu pourrais me descendre froidement d'une balle entre les deux yeux parce que je ne suis pas de ton avis sur la politique ?

HUGO : Oui, si je l'avais décidé ou si le Parti me l'avait commandé (*M.S.*, p. 217).

Un peu plus loin : « HUGO : Si je l'ai décidé, je dois pouvoir le faire. (*Comme à lui-même avec une sorte de désespoir.*) Je dois pouvoir le faire » (*M.S.*, p. 219).

Et lors de la scène de l'assassinat manqué, nous avons affaire à une impossibilité d'agir, c'est-à-dire à une impossibilité de tirer, *en tant que tirer est, disons, un acte physique.* Hugo est paralysé, il ne peut appuyer sur la gâchette (*M.S.*, p. 220-221).

Pourquoi cette incapacité ? Écartons les motifs idéologiques : ce n'est pas une adhésion plus ou moins consciente à la politique de Hoederer, dont il percevrait clairement ou confusément le bien-fondé qui l'empêche de tuer. Deux raisons sont plus probantes :

D'abord ce que l'on pourrait appeler le « concret » du meurtre, sa dimension charnelle. Hugo est obsédé par l'image du cadavre de Hoederer :

HUGO : Le type qui saignait, c'était sale hein ?

JESSICA : Oui c'était sale.

HUGO : Hoederer aussi va saigner.

JESSICA : Tais-toi.

HUGO : Il sera couché par terre avec un air idiot et il saignera dans ses vêtements (*M.S.*, p. 177).

Répulsion à l'idée du cadavre non pas « sanglant » (terme noble) mais saignant

« JESSICA : ... Et toi, petite abeille, es-tu un homme politique ? »
Représentation des *Mains sales* à la Maison des Arts et de la Culture de Créteil. Mise
en scène : Pierre-Étienne Heyman. Jessica : Laurence Février. Ph. © Claude Bricage.

et de l'obscénité d'une chair qui est tout simplement là et n'est plus dépassée ou masquée par aucune transcendance (n'est plus animée par aucun projet). Cette nausée devant le sang et la saleté du cadavre est au fond l'indice que Hugo n'est pas un tueur (car, comme le lui dit Hoederer, tuer est affaire de vocation et il n'a pas cette vocation). Au cours de la pièce, Hugo découvre ce qu'est un meurtre : un acte qui engage deux corps, celui de l'assassin et celui de la victime. Il est à cet égard frappant que les difficultés de son entreprise commencent à lui apparaître à partir du moment où il est *en présence* de Hoederer, c'est-à-dire où il s'avère (ce qu'il ne semble pas avoir soupçonné jusque-là) qu'il a à tirer sur *le corps* de celui-ci.

La seconde raison tient à ce qu'il faut bien appeler l'amour de Hugo pour Hoederer. Car nous avons en fin de compte affaire à une relation père-fils dans laquelle, à l'amour paternel de Hoederer pour Hugo, répond l'amour filial de celui-ci pour Hoederer. Cet amour (qui peut se manifester par le fait que Hugo est intimidé devant Hoederer, qu'il est ému lorsque celui-ci déclare lui faire confiance, etc.) est perçu par Jessica et dénié par Hugo lui-même, ce qui provoque quelques-uns de ces échanges verbaux (cf. *M.S.*, p. 111) où s'affrontent affirmation et négation.

JESSICA : ...Toi tu as été ému.
HUGO : Moi ? Quand ?

JESSICA : Quand il t'a dit qu'il te faisait confiance.

HUGO : Non, je n'ai pas été ému.

JESSICA : Si.

HUGO : Non (*M.S.*, p. 111).

Perpétuellement, les autres (Jessica, Hoederer) renvoient à Hugo une image de lui-même qui n'est pas conforme à ce qu'il veut être. Souvent c'est lui qui constate qu'il n'est pas ce qu'il devrait être (il devrait se sentir lourd ; il ne se sent pas lourd ; il devrait ne pas avoir de pensées dans sa tête, il en a ; il devrait pouvoir tirer, il ne peut pas, etc.). Son drame est ce constant décalage entre ce qu'il est et ce que selon lui il devrait être. Le paradoxe est que cette image à laquelle il doit se conformer ne lui est pas imposée par les autres (les autres se satisfont parfaitement de ce qu'il est) : Hugo pose lui-même les impératifs auxquels il doit se soumettre ; il édicte la loi qui l'oblige.

Il faudra attendre la scène 2 du sixième tableau, pour qu'après avoir constaté qu'il ne pouvait tirer sur Hoederer, il accepte de reconnaître qu'il l'aime : « Hoederer, j'ai manqué mon coup et je sais à présent que je ne pourrais jamais tirer sur vous parce que... parce que je tiens à vous » (*M.S.*, p. 223). Propos qu'il reprendra dans le dernier tableau : « J'aimais Hoederer, Olga. Je l'aimais plus que je n'ai aimé personne au monde. J'aimais le voir et l'entendre, j'aimais ses mains et son visage et, quand j'étais avec lui, tous mes orages s'apaisaient. Ce n'est pas mon crime qui me tue, c'est sa mort » (*M.S.*, p. 236). Il y a là aussi une ironie : que Hugo doive tuer celui qu'il aime (ou aime celui qu'il doit tuer).

Ces remarques appellent quelques réflexions sur le thème de la paternité, constamment présent dans la pièce. Hugo a trois pères. D'abord un père naturel et légal. Il le hait, refuse de se considérer comme son fils et l'a quitté. Ensuite un père de rencontre, Hoederer. Il apparaît très vite que le père naturel est un faux père (Hugo prétend être bâtard, *M.S.*, p. 69) et qu'avec Hoederer le jeune homme a rencontré son vrai père (qui le comprend, l'aime et tente de l'éduquer).

Il est possible, sans trop trahir la pièce, de la raconter ainsi : un jeune bâtard est chargé, par le parti où il milite, d'en tuer le chef qui semble avoir trahi. S'étant introduit chez lui, il découvre que c'est son père. De là les conflits qui l'agitent... Nous sommes dans l'univers du conte merveilleux, mais peut-être pas si loin de l'« atmosphère » de la pièce de Sartre. Le récit de Hugo est en effet amené par des propos qui sont l'équivalent du « Il était une fois » canonique :

OLGA : Raconte.

HUGO : Quoi ?

OLGA : Tout depuis le début.

HUGO : Raconte, ça ne sera pas difficile : c'est une histoire que je connais par cœur... C'est une histoire comme toutes les histoires...

OLGA : Commence par le commencement.

HUGO : Le commencement, tu le connais aussi bien que moi. D'ailleurs est-ce qu'il y en a un ? On peut commencer l'histoire en mars 43... Enfin bon, supposons que tout a commencé en mars 43.

Pendant qu'il parle, l'obscurité se fait peu à peu sur la scène (M.S., p. 33-34).

C'est la répétition des trois mots « raconter », « commencement », « histoire » qui caractérise ce début comme celui d'un récit fait à des enfants. Sartre a plusieurs fois insisté sur la dimension magique des trois coups frappés au théâtre : « ... on peut considérer que les trois coups qui sont frappés après cette espèce de cérémonie initiale qu'est la prise de places dans la salle représentent une cérémonie magique d'anéantissement : le spectateur perd son moi et s'il s'en souvient au cours du spectacle c'est qu'il y a des longueurs[1]. » Si *Les Mains sales* ont recours au procédé du théâtre dans le théâtre, c'est entre autres, pour représenter « en abyme » ce moment d'anéantissement que constituent l'extinction des lumières et le lever de rideau : la réalité de Hugo et d'Olga spectateurs disparaît dans l'obscurité ; ils vont comme nous vivre durant quelques heures dans le monde irréel évoqué par le spectacle.

1. *T.S.*, p. 25

Il existe dans la pièce un troisième père, plus exactement un couple parental : Olga et Louis. Il s'agit là, pour Hugo, de ses parents d'élection. La dimension incestueuse et œdipienne du trio est discrètement suggérée par Sartre. Olga, surnommée « la louve », est la mère-amante. Elle joue le rôle d'intercesseur et protège Hugo des menaces et de la haine du père (Louis). Ce qui rend en effet ce dernier personnage si antipathique, c'est qu'il est un père meurtrier de son fils. Qu'en tout cas il y ait affrontement entre Louis et Olga à propos de l'« exécution » de Hugo, pour des raisons qui ne sont pas politiques, est souligné par la symétrie des répliques suivantes :

OLGA : ... Louis, j'ai peur que tu ne mettes trop de sentiment dans cette affaire.

LOUIS : Olga, j'ai peur que tu n'en mettes beaucoup trop toi aussi (*M.S.*, p. 28).

Comprenons que si Olga veut sauver Hugo c'est par amour pour lui, et que si Louis veut le tuer, c'est par haine.

Un mot sur Hoederer éducateur. De même qu'en politique sa démarche consiste à dépasser les affrontements, il cherche à amener Hugo à dépasser sa jeunesse. De là une attitude vis-à-vis du jeune homme qui est à la fois de compréhension et de distance. D'une part il comprend son attitude politique, il la saisit, pour parler comme Sartre, « en intériorité ». D'autre part il n'y adhère pas, l'appréhende de l'extérieur et pousse Hugo à l'abandonner. En un mot, il considère la jeunesse comme un moment que le passage à « l'âge d'homme » ne doit pas conduire à rejeter, mais à intégrer.

---

4. JESSICA.

Plusieurs biais permettent d'aborder le personnage de Jessica.

Nous avons vu que sa présence (doublement incongrue : celle d'une femme dans un milieu exclusivement masculin ; celle d'un individu « qui ne fait pas de politique » dans le monde de l'action politique) provoque finalement la mort de Hoederer, cette mort qui est elle aussi « de trop » dans la mesure où elle n'a pas de signification politique (c'est ce que Sartre appelle « la contingence »).

Par ailleurs, la « naïveté » de la jeune femme, son ignorance de la vie politique font apparaître l'étrangeté d'un univers où les êtres sont classés en bizarres catégories (« oppresseur », « social-traître », « révolutionnaire »), où le chef du Parti en est aussi l'ennemi le plus dangereux, etc. Il y a indiscutablement quelque chose de kafkaïen, dans ce Parti tout-puissant, aux exigences surprenantes.

Ce sont deux autres caractéristiques du personnage qui pourtant nous retiendront ici : son évolution et son rôle par rapport à Hugo.

Contrairement à Hugo et Hoederer qui n'évoluent pas au cours de la pièce, Jessica est un personnage qui change. Elle passe d'abord de Hugo à Hoederer. Sentimentalement sans doute, mais aussi politiquement. Après avoir assisté à la confrontation avec Hugo, elle estime que la politique de Hoederer est la bonne. Associée au projet d'assassinat au début (poussant même Hugo à agir), elle s'y oppose à la fin (dénonçant Hugo à Hoederer et lui demandant de le faire désarmer). Elle juge ce meurtre néfaste pour tout le monde et à tous les niveaux. Il ne s'agit d'ailleurs pas exactement pour elle du passage d'une position politique à une autre : plutôt d'un passage de l'ignorance à la connaissance. Dans les premières scènes elle suit Hugo, ignorant tout des tenants et des aboutissants du meurtre. Dès qu'elle est suffisamment informée et perçoit de quoi il retourne, elle a à ce sujet la même opinion que Hoederer.

Mais le plus caractéristique de son évolution est peut-être qu'elle se met tout d'un coup à percevoir le meurtre comme une réalité. Sa vie est coupée en deux : avant l'explosion de la bombe, tout est jeu pour elle ; après, elle a conscience de se trouver au milieu d'événements et d'êtres réels. La scène pivot est à cet égard la scène 2 du cinquième tableau, où elle se découvre obligée de choisir « entre un suicide et un assassinat » (*M.S.*, p. 183), c'est-à-dire, finalement, « engagée » (chez Sartre, en effet, l'engagement est un destin, le refus de choisir est lui-même un choix, la « mauvaise foi » constituant la tentative par laquelle l'individu essaie de se cacher son engagement, cherche à se masquer qu'il ne peut pas ne pas choisir). Moment décisif, pour notre personnage, de prise de conscience : ouvrant les yeux, elle s'aperçoit prise au piège d'une situation dans laquelle elle n'est pour rien et qu'elle doit cependant assumer : « A présent il faut que je choisisse, dit-elle à Hugo. Pour toi et pour moi : c'est ma vie que je choisis avec la tienne... » (*M.S.*, p. 183). Abandon définitif du jeu : « Je ne joue pas. Je ne jouerai plus jamais » (*M.S.*, p. 184). Et de la fiction que constituait son amour pour Hugo :

HUGO : ... Peux-tu me dire que tu m'aimes ? (*Il la regarde. Silence.*) [...]

JESSICA : Et toi Hugo ? Crois-tu que tu m'aimais ? (*Il ne répond pas.*) Tu vois bien (*M.S.*, p. 184-185).

Double question, double silence, ces répliques constituent une fin. A la facticité de l'abondant dialogue entre nos deux personnages, succède l'authenticité d'un silence qui manifeste leur absence de relations réelles.

Si Hugo n'y parvient pas, Jessica, elle, accède à la maturité (c'est, nous semble-t-il, le sens de son évolution). Ses rapports avec Hugo sont ceux de deux enfants qui jouent. Avec Hoederer, ceux d'une femme et d'un homme. Frigide avec le premier, elle éprouve désir sexuel et amour pour le second : elle est passée de l'enfance à l'âge adulte.

L'autre aspect notable du personnage est son rôle par rapport à Hugo. De façon analogue à Hoederer, elle intervient pour le « sauver » lorsqu'il se trouve dans une situation sans issue.

D'abord, tout au long de la pièce, elle essaie de faire admettre à Hugo qu'il aime Hoederer. Il s'agit de lui montrer quels sont ses sentiments réels, pas exactement pour qu'il ne tue pas, mais pour qu'il poursuive ou abandonne son projet en tenant compte de cette réalité.

Ensuite elle intervient plusieurs fois pour stopper un processus dont le déroulement serait sans cela inéluctable et fatal au jeune homme. Spectatrice de l'action, elle peut cependant agir sur elle et c'est ce qui la différencie du spectateur réel voué à la passivité et à l'impuissance.

Lors de l'épisode de la « fouille », elle s'empare du revolver et le cache dans son corsage. Sans cette intervention il aurait inévitablement été découvert.

Après l'interruption de la négociation par l'explosion de la bombe, elle essaie de briser le cercle dans lequel Hugo est enfermé. A la suite de l'explosion, celui-ci est sur le point de se dénoncer à Georges et à Slick par des propos allusifs qui deviennent de plus en plus clairs. Intervention doublement inattendue de Jessica, et en elle-même, et par la « traduction » qu'elle donne des paroles de Hugo : « Veux-tu te taire ! Tu ne vas pas leur raconter tes histoires de ménage [...] C'est de moi qu'il parle, voilà deux ans qu'il me reproche de ne pas lui faire confiance » (*M.S.*, p. 156). Et Hugo recommençant à parler de la « mission de confiance » dont il est chargé, Jessica l'interrompt à nouveau : tout cela veut dire qu'elle va avoir un enfant et que Hugo se demande s'il a l'air d'un père de famille. Nous avons commenté cette surprenante intrusion de l'univers familial dans celui du crime politique (cf. *supra*, p. 93). Ajoutons qu'un père de famille et un assassin sont aux antipodes l'un de l'autre (l'un donne la vie, l'autre l'enlève ; l'un remplit une fonction sociale indispensable et reconnue, l'autre est exclu de la collectivité, etc.). Peut-être faut-il comprendre que le projet d'assassinat est lié, chez Hugo, à son immaturité et que devenir « père de famille » et atteindre « l'âge d'homme » sont une seule et même chose. Quoi qu'il en soit, c'est l'intimité du couple qui est ainsi mise en avant et arrête les soupçons des gardes du corps (de même qu'au moment de la fouille Georges n'osait qu'à peine effleurer Jessica). En somme, la féminité en impose à nos deux gorilles.

À la suite de la visite d'Olga, il apparaît nettement que si Hugo ne tue pas Hoederer, il sera abattu par les hommes de main du Parti (à moins qu'ils ne le soient tous les deux). C'est à empêcher cette issue, impliquant au minimum la mort de l'un des deux hommes, que Jessica va s'employer.

C'est elle qui suggère à Hugo de convaincre Hoederer (il ne serait, en effet, à ce moment-là plus nécessaire de le tuer — *M.S.*, p. 185). Celui-ci survenant alors sans ses gardes du corps, au moment où il repart, Hugo se lève et Jessica se jette entre les deux hommes : à la fois elle empêche Hugo de tuer et *l'oblige* à entamer le débat politique, le contraignant en somme à passer de l'acte à la parole (elle a le même objectif que Hoederer). A la fin de la « discussion », Hugo s'apprêtant à nouveau à tirer, elle s'interpose à nouveau, lorsque les deux gardes du corps surviennent opportunément. Durant cette scène, au cours de laquelle Hoederer est sans protection, Hugo fait peser sur lui une constante menace (qui est très discrètement indiquée par quelques gestes notés brièvement). Durant ce qui est un moment de particulière vulnérabilité pour Hoederer, Jessica *suspend* le geste meurtrier de Hugo, et ce jusqu'à l'arrivée des gardes du corps qui place à nouveau Hoederer sous protection et fait tomber la tension. Une telle façon de décrire la scène rend compte en effet de son extrême tension (que peut masquer le débat idéologique). Disons, de manière peut-être un peu schématique mais qui souligne un aspect essentiel, que Hugo y est en permanence *sur le point de* tirer sur Hoederer. Insistons une fois de plus sur le fait que la tension atteint son maximum dans la mesure où nous avons affaire à des actes, c'est-à-dire à un affrontement physique : l'un s'apprête à tirer ; l'autre retient son bras.

La dernière tentative de Jessica est d'aller dénoncer Hugo à Hoederer après que le jeune homme a pris la décision de tuer le lendemain. Elle suggère de le faire désarmer, ce que Hoederer refuse (*M.S.*, p. 213). Fidèle à lui-même, il veut convaincre et non pas contraindre. La démarche de la jeune femme vise bien sûr à sauver la vie de Hoederer, mais aussi celle de Hugo : elle considère comme le premier que la violence a un effet boomerang et que ce meurtre est aussi un suicide.

Certains événements dans *Les Mains sales* se répètent deux fois, une première fois avec Jessica, une deuxième fois avec Hoederer. Elle découvre les photos d'enfance de Hugo (*M.S.*, p. 70-71) ; Hoederer les découvre un peu plus tard (*M.S.*, p. 108-109). Elle aperçoit le revolver et apprend que Hugo veut tuer Hoederer dans le troisième tableau. Hoederer fait les mêmes découvertes dans les quatrième et sixième tableaux. C'est là l'indice d'un parallélisme : Jessica a envers Hugo la même attitude que Hoederer. Pour l'un comme pour l'autre, il s'agit de l'empêcher de tuer. La jeune bourgeoise et le vieux dirigeant prolétarien (ils s'opposent quant au sexe, quant à l'âge et quant à la classe) sont du même côté de la barrière qui sépare la violence et la persuasion, la mort et la vie. Tout au plus peut-on dire qu'elle est moins expérimentée, plus spontanée et moins adroite que lui. Elle veut agir sur Hugo, l'amener à faire ceci, à ne pas faire cela, alors qu'en adepte expérimenté de la dialectique, il se contente de faire appel à la raison du jeune homme. Tous les deux ont une appréciation personnelle des situations (qui souvent est la même), jugent par eux-mêmes, ont une position qui est la leur et ne reflète aucun mot d'ordre ni aucune directive. Et quelles que soient les déclarations de Sartre quant à la liberté du spectateur, il est indéniable que Jessica parcourt l'itinéraire idéal de celui-ci. Au début de la pièce, la politique de Hoederer ne nous apparaît qu'à travers le point de vue de Hugo, c'est-à-dire comme absurde et destructrice. Le meurtre nous paraît justifié. Cependant, au fur et à mesure que nous prenons connaissance de la situation et des raisons de Hoederer, notre position se modifie pour finir, à l'inverse de ce qu'elle était au départ, par une approbation de son entreprise et une condamnation du meurtre. Comme Jessica, nous sommes allés de Hugo à Hoederer.

Il est un autre personnage qui cherche à sauver Hugo : Olga. Elle obtient de Louis le sursis de trois heures destiné à lui permettre de savoir si le jeune homme est récupérable ou non. Elle donne de son attitude des raisons strictement politiques et apparaît aux yeux des militants qui l'entourent et lui font toute confiance comme une incorruptible. C'est pourtant son amour pour Hugo qui la pousse à agir ainsi. Lorsqu'il s'avère qu'il n'est pas « récupérable » et que les tueurs approchent, elle lui donne un revolver pour qu'il tente de s'enfuir. Le conflit qu'elle vit est apparemment simple : c'est un conflit entre l'amour et les impératifs politiques. Mais il s'élargit en un conflit entre les sentiments et la politique et plus généralement encore entre sa féminité et son activité politique (faire de la politique implique-t-il que l'on cesse d'être une femme ?). Son intensité apparaît à travers le détail suivant : ses cheveux ont blanchi en une nuit lorsqu'il s'est agi d'envoyer à Hugo des chocolats empoisonnés.

---

*

L'une des oppositions entre les trois personnages principaux de la pièce peut s'énoncer ainsi : l'un tente de tuer, les deux autres de l'en empêcher. Il est important de remarquer que leurs interventions s'effectuent au moment où Hugo « passe à l'acte », c'est-à-dire constituent elles-mêmes un acte qui en arrête un autre. *Les Mains sales* nous présentent *le conflit en acte de deux forces*. Ces deux forces peuvent être incarnées par deux personnages différents, mais aussi bien partager le seul Hugo. Lorsqu'il dit, par exemple : « Il y a beaucoup trop de pensées dans ma tête, il faut que je les chasse » (*M.S.*, p. 107), lorsque Hoederer affirme : « Avant même de presser sur la gâchette tu aurais déjà vu toutes les conséquences possibles de ton acte » (*M.S.*, p. 218), la pensée est évoquée comme une force qui s'oppose au meurtre. Et dans la même scène, Hoederer invite Hugo à envisager « le moment de tirer », c'est-à-dire l'affrontement de ces deux forces dans son actualité, *en train de* se produire : en acte.

La tension dramatique de la pièce tient à l'équilibre, à la puissance égale de ces deux forces. Dans la mesure où l'une prend le dessus, la tension se relâche et la dramatisation disparaît. Lorsque Hugo surprend Jessica entre les bras de Hoederer, il tire sans difficultés : c'est que l'une de ces deux forces a été momentanément annihilée. Et si, pour le jeune homme, cet assassinat n'est pas « valable », c'est qu'il a « évité » l'obstacle. Il est pour lui nécessaire que *la force meurtrière triomphe de son antagoniste*. Dira-t-on que le « second » meurtre constitue à cet égard une victoire ? Plutôt la perpétuation du conflit. La politique de Hoederer triomphe, mais Hugo affirme par sa mort l'irréductibilité de son opposition. Sans doute la pièce expose-t-elle la victoire de la persuasion sur la force. Mais la négativité que représente Hugo n'est pas éliminable. Elle demeure constamment présente et doit constamment être dépassée.

VI   ÉLÉMENTS DE DRAMATURGIE

Hugo raconte donc à Olga la façon dont il a tué Hoederer. Mais au lieu d'un récit, nous avons une représentation théâtrale (le procédé est celui du théâtre dans le théâtre). Quelle différence ? Les réactions, interventions et commentaires du narrateur et de son auditrice sont bien sûr exclus. Mais le plus important est peut-être que, au lieu d'être narrée, l'histoire est, comme le dit Aristote voulant différencier les modes narratif et dramatique, « agie ». Nous sommes en face d'événements qui sont censés se produire au moment où nous les voyons, de conduites, de comportements, d'actes, de discours, qui nous sont livrés dans leur actualité. Certes nous savons qu'ils sont passés, mais nous les recevons comme exactement contemporains, comme en train d'avoir lieu. Ce que nous présentent *Les Mains sales*, c'est moins l'événement que son actualité.

1. DÉCOUVERTE.

Par ailleurs, le théâtre à l'intérieur du théâtre et le retour en arrière qu'implique ici un tel agencement ont pour fonction de représenter les événements, non pas tels qu'ils se sont produits, mais tels qu'ils sont ou ont été reçus. L'événement lui-même importe moins que sa découverte. Olga apprend la façon dont a eu lieu le meurtre de Hoederer ; Hugo découvre le « changement de ligne » du Parti. Aucun événement n'est donc donné « directement » au spectateur qui les perçoit en même temps qu'au moins un personnage et à travers la perception de celui-ci. Par ailleurs, cette découverte constitue le plus souvent pour celui qui la fait un bouleversement, a, pour le moins, un profond retentissement affectif. Ainsi Olga, après le récit de Hugo, soulagée de ce que le jeune homme semble considérer son meurtre comme un acte sans grande importance, déclare : « Je suis contente. (*Un temps.*) Tu as parlé trois heures et j'ai eu peur tout le temps » (*M.S.*, p. 237). L'ébranlement que provoque en Hugo la révélation du « changement de ligne » (il entraînera sa mort) est entre autres marqué par son regard. Rien ne vient en préciser le sens, mais nous comprenons qu'il manifeste toute la profondeur et toute l'intensité des sentiments du jeune homme. Il est insupportable à Olga : « Le Parti a changé sa politique. (*Hugo la regarde fixement.*) Ne me regarde pas comme ça. Essaie de comprendre. Quand nous t'avons envoyé chez Hoederer, les communications avec l'U.R.S.S. étaient interrompues. Nous devions choisir seuls notre ligne. Ne me regarde pas comme ça, Hugo ! Ne me regarde pas comme ça » (*M.S.*, p. 241).

Hugo est chaque fois profondément atteint par ce qu'il découvre, depuis le mensonge et l'oppression dans le milieu paternel, jusqu'à Hoederer embrassant Jessica, en passant par le maniement du mensonge par le même Hoederer ou le retrait de confiance qu'implique la bombe lancée sur les négociateurs. Après le baiser, il s'estime trompé par celui qui lui avait offert aide et confiance

et tire sur lui. Quant aux effets psychologiques de la bombe, ils occupent une
scène entière : le jeune homme s'enivre
puis essaie de se dénoncer pour se faire
« descendre ».

Hugo ne se remet pas, en somme, de
l'horreur du monde. Elle suscite les
gestes « kamikazes » qu'il imagine (lan-
cer une bombe sur un membre de la
classe dirigeante, abattre un milicien en
pleine rue), explique sa mort finale, tout
comme son intransigeance politique.
Plutôt mourir que d'accepter ça. Nous
retrouvons là le thème des mains sales
dans sa dimension la plus concrète : le
monde n'est que magouilles, combines,
mensonges. Bref, « il pue ». En
contraste, la supposée limpidité et pureté
du Parti.

On voit que si le motif de la découverte est impliqué par la scission de la
pièce en deux niveaux (disons schématiquement qu'elle ne nous présente pas
le meurtre, mais le récit qui en est fait :
elle nous représente, nous spectateurs,
apprenant ce qui s'est passé), il est aussi
présent au niveau de ce qui est raconté
(ou représenté). Ce sont non seulement
les découvertes de Hugo que nous
venons d'évoquer, mais aussi celles de
Jessica (le revolver, les photos, les raisons
de la présence de Hugo chez Hoederer)
et celles de Hoederer : il découvre que
Hugo est là pour le tuer. On sait qu'au
lieu de faire désarmer le jeune homme il
essaiera de le convaincre, c'est-à-dire

« JESSICA : ... je sais
quelle est ta maîtresse,
ta princesse,
ton impératrice.
Ça n'est pas moi,
ça n'est pas la louve,
c'est toi, mon chéri,
c'est toi-même.
Douze photos de toi
dans ta valise.
... Douze photos de ta
jeunesse rêveuse. »
Famille bourgeoise
en Hongrie.
Ph. © J.-L. Charmet.
Sartre enfant.
Ph. Coll. Liliane Siegel.
Jeune garçon.
Ph. © Kharbine-Tapabor.

agira non pour se sauver, mais pour le sauver. Réaction différée et maîtrisée qui constitue un dépassement de la réaction défensive ou vengeresse immédiate.

Il est dans cette perspective compréhensible que l'un des ressorts dramatiques majeur de la pièce soit la surprise, surprise le plus souvent partagée par le spectateur et le personnage. Les principaux épisodes à cet égard sont les suivants :

— La fouille de l'appartement de Hugo et Jessica et le revolver « introuvable ».

— La bombe lancée par Olga, aussi inattendue pour nous que pour Hoederer et ceux qui sont à ce moment-là autour de lui.

— Hugo découvrant Hoederer en train d'embrasser Jessica. Il y a là une double surprise : surprise de Hugo apercevant le couple ; surprise de Hoederer et Jessica apercevant Hugo. Le spectateur « accompagnant » Hoederer et Jessica depuis le début de la scène, n'est surpris que par l'entrée inopinée de Hugo. Le texte indique d'ailleurs : « *La porte s'ouvre, Hugo entre* » (*M.S.*, p. 228), assimilant notre point de vue à celui de Hoederer et de Jessica.

— Hugo apprenant le « changement de ligne » du Parti (là encore nous l'apprenons en même temps que lui et la surprise est aussi pour nous).

Cela pour les « grands » moments de surprise (ou les moments de grande surprise) qui mobilisent tous l'affectivité du spectateur (anxiété, peur — voire effroi — colère, mélange de tout cela, etc.). La pièce vise à produire une participation du spectateur par le biais de sentiments élémentaires (ou fondamentaux) et constitue en même temps une parodie de ce théâtre à effets. Nous nous voyons tremblant pour Hoederer et Jessica (et donc ne tremblons pas vraiment).

Il existe cependant des moments de moindre surprise. La plupart des entrées de personnages sur scène sont inattendues (qu'elles provoquent tension ou soulagement). Le plus bel exemple est l'entrée inopinée de Hoederer à la fin de T. V, sc. 2, alors que Hugo attend Olga (*M.S.*, p. 185). Mais on pourrait en citer bien d'autres : l'entrée de Hugo chez Olga au début de la pièce ; l'entrée de Jessica dans le bureau de Hoederer, surprenant Hugo manipulant la cafetière (T. IV, sc. 1) ; l'entrée d'Olga, d'abord cachée derrière les rideaux de la fenêtre, dans le pavillon du jeune couple (T. V, sc. 1) ; l'entrée de Jessica (elle aussi cachée derrière les rideaux de la fenêtre) dans le bureau de Hoederer après l'assassinat manqué (T. VI, sc. 3) ; sans oublier l'entrée de Georges et Slick, « sauvant » Hoederer après son « débat » avec Hugo, ni celle de Hugo au moment du baiser. L'entrée des personnages est un élément de l'action. Espérée, redoutée ou simplement surprenante, peu d'écrivains de théâtre ont su, comme

Sartre, la *dramatiser* (nous y reviendrons).

Le dialogue enfin est souvent surprenant, un personnage abordant un sujet sans rapport avec le précédent ou revenant à un sujet qu'il a abandonné pour parler d'autre chose. Dans T. IV, sc. 1, Jessica entre et demande à Hugo ce qu'il fait avec la cafetière de Hoederer. Le jeune homme refuse de répondre. Suit un dialogue sur le revolver, puis sur Hoederer. A la fin de la scène (soit une dizaine de pages plus loin) Jessica revient à la cafetière et obtient une réponse de Hugo. Autre exemple, plus bref et plus net. Hugo et Jessica constatent qu'ils ne s'aimaient pas : « JESSICA : Et toi Hugo crois-tu que tu m'aimais ? (*Il ne répond pas.*) Tu vois bien. (*Un temps. Brusquement.*) Pourquoi n'essaies-tu pas de le convaincre ? » (*M.S.*, p. 185). C'est la juxtaposition sans transition de propos sur l'amour et de propos sur la future conduite de Hugo qui crée la surprise. Le plus souvent, les personnages ont au moins deux « sujets » présents à l'esprit en même temps ; l'un qui les préoccupe et l'autre auquel ils accordent une attention distraite, en général poussés par leur interlocuteur. Ce qui nous vaut quelques moments d'incompréhension étonnée, à la limite du quiproquo. Hugo imagine son meurtre disant qu'il tirera peut-être dans les yeux de Hoederer :

JESSICA : J'aime ses yeux.

HUGO, *brusquement* : C'est abstrait.

JESSICA : Quoi?

HUGO : Un meurtre. Je dis que c'est abstrait (*M.S.*, p. 178).

De telles surprises proviennent de ce que le personnage ne s'adresse pas à son interlocuteur (nous n'avons pas affaire à un dialogue), mais plutôt s'abandonne devant lui au fil de sa pensée dont ses paroles extériorisent quelques bribes. Il pense ou rêve à voix haute jusqu'à ce que l'interlocuteur vienne lui rappeler sa présence et le rappeler à la réalité.

La découverte est aussi dans *Les Mains sales* celle de l'espace et des objets. Comme le remarque très bien un commentateur du théâtre de Sartre : « L'espace n'est pas simplement déployé devant le spectateur, le personnage lui-même participe à sa découverte. Oreste fait connaissance avec Argos ; Garcin s'informe en détail des particularités du salon dans lequel il est introduit ; Johanna pénètre le mystère de la chambre de Frantz[1]. » Les trois lieux où se déroule l'action sont ainsi explorés (appartement d'Olga ; appartement de Hugo et Jessica ; bureau de Hoederer).

Il existe de nombreux objets dans la pièce dont il est parfois abondamment question. C'est le cas, par exemple, du revolver qui est caché, cherché, découvert, passe de main en main, est jeté, pour être finalement repris et utilisé.

1. Robert Lorris, *Sartre dramaturge*, Paris, Nizet, 1965, p. 337.

La circulation de ce revolver et les discours qui le concernent occupent beaucoup de place dans la pièce. Se trouvant dans la valise de Hugo, il est découvert par Jessica qui s'informe de son usage et apprend ainsi qu'il doit servir à tuer Hoederer. A la demande de Hugo, elle le replace dans la valise. Pendant que Hugo va ouvrir à Georges et à Slick qui frappent à la porte, elle le cache dans son corsage. Durant la fouille, Georges qui n'ose qu'effleurer la jeune femme ne le trouve pas. Hoederer et ses gardes du corps partis, elle avoue à Hugo qu'elle s'en était emparée. Celui-ci le réclame, elle refuse de le rendre. Suit une joute ludique entre eux pour la possession du revolver que Hugo finit par reprendre tandis que Jessica s'écrie : « Attention ! Attention ! Le revolver va partir ! » (*M.S.*, p. 115).

Au début du quatrième tableau, mouvement inverse : Jessica apporte le revolver à Hugo qui se trouve dans le bureau de Hoederer. Il refuse de le prendre, lui demande d'aller le déposer où elle l'a trouvé, finit cependant par céder devant l'insistance de la jeune femme et le met dans sa poche.

Il le conservera avec lui jusqu'à la tentative d'assassinat. Après l'explosion de la bombe, Jessica demande à le voir : elle a pris conscience qu'il s'agissait d'une arme véritable ; et lorsqu'elle va dénoncer Hugo à Hoederer, celui-ci s'enquiert de l'arme qu'il a l'intention d'utiliser.

Lors de la tentative de meurtre, Hugo portant la main à sa poche, Hoederer la saisit et l'immobilise. Après qu'il a parlé, il lâche le poignet du jeune homme et lui tourne le dos. Celui-ci, libre de tirer, ne parvient pas à sortir le revolver de sa poche où Hoederer finit par le prendre sans opposition de la part de Hugo. L'apercevant, il s'écrie : « Mais c'est un joujou ! » (*M.S.*, p. 220) et le jette sur son bureau. Revenant dans la pièce alors que Hoederer embrasse Jessica, Hugo reprend le revolver resté sur le bureau, vise, tire trois coups. Hoederer meurt au bout de quelques instants. Ce revolver apparaît durant toute la pièce, comme un objet « en trop » encombrant tel ou tel personnage. Il s'agit de se décider soit à s'en débarrasser, soit à l'utiliser. C'est finalement le second terme de l'alternative qui se réalisera. Par ailleurs, nous avons cité les propos de Jessica sur le danger qu'il y a à jouer avec un tel objet et ceux de Hoederer constatant que c'est un jouet : il y a *inadéquation entre les personnages et l'objet qu'ils manipulent* : tantôt nous avons affaire à deux enfants qui jouent avec une arme ; tantôt à un adulte qui essaie de tuer avec un jouet. Hugo est celui qui s'obstine à vouloir utiliser un instrument qui ne lui convient pas. Nous retrouvons une telle inadéquation avec d'autres personnages : par exemple Hoederer, Georges et Slick essayant de plier et ranger les sous-vêtements de Jessica éparpillés à travers la chambre.

Mais il n'est aucun objet, même de peu d'importance, qui ne soit, à un moment ou à un autre, mentionné dans le dialogue. Ainsi Jessica fait elle allusion par deux fois en les désignant aux mitraillettes que portent Georges et Slick (*M.S.*, p. 78 et 79).

De même avec la cafetière que manipule Hugo au début du quatrième tableau. L'objet est moins là pour être utilisé que pour être montré. Nous avons affaire à une forme discrète de théâtre dans le théâtre : nous regardons un personnage regardant un objet, qui n'est là que *comme objet d'un regard*. Se manifeste, dès lors, son irréalité.

Renversant la topographie théâtrale traditionnelle, où les personnages sont au centre d'un décor périphérique, Sartre nous présente un objet ou un espace central entouré de personnages périphériques. C'est qu'il ne s'agit pas de faire apparaître, dans ce théâtre qui leur accorde une grande importance, les objets et les corps aux spectateurs, il s'agit de faire apparaître leur présence pour les personnages. Disons plus précisément, leur présence pour les personnages en même temps que leur absence pour nous. Nous rejoignons là un aspect important de la théâtrologie sartrienne : personnages d'un côté, acteurs et spectateurs de l'autre appartiennent à deux univers distincts, il existe un hiatus entre la représentation et le monde représenté et c'est cette séparation qu'il convient, pour Sartre, de manifester. L'exploration de l'espace que nous avons évoquée n'est pas l'équivalent d'une description romanesque qui vise à « rendre présents » aux lecteurs les lieux de l'action. Elle nous en éloigne au contraire en rendant cet espace homogène aux personnages, c'est-à-dire lui aussi fictif.

Exemple caractéristique : celui des odeurs. Après la fouille, Hoederer « respire » l'odeur de Jessica. Un peu plus loin c'est l'odeur du tabac qui est évoquée par la jeune femme : « Ça sent le tabac refroidi comme dans le bureau de mon père quand j'étais petite » (*M.S.*, p. 120). Ou encore : « L'odeur de tabac s'en ira quand il sera mort ? » (*M.S.*, p. 128). Aurions-nous affaire à une sorte de théâtre total qui prétendrait concerner le spectateur non seulement visuellement et auditivement mais aussi à travers le toucher et l'odorat ? Voudrait-on nous faire partager les sensations des personnages ? Au contraire nous semble-t-il. L'odeur est donnée à la fois comme existant pour le personnage et n'existant pas pour le spectateur. Nous sommes sans corps : la matérialité sensible du monde dans lequel vivent les personnages est pour nous absente. Autre exemple : le « physique » de Hoederer. Aucune description, aucun détail. Quelques qualifications : « As-tu vu comme il est dense ? Comme il est vivant ? » (*M.S.*, p. 114). « Tu as vu ses yeux ? [...] Tu as vu comme ils sont brillants et durs ? Et vifs ? » (*M.S.*, p. 178). La « densité » de Hoederer, la vivacité de ses yeux, autant de traits qui dénotent la présence physique du personnage pour Hugo et Jessica (qui le caractérisent physiquement comme peut caractériser une odeur, une silhouette ou une démarche) ; mais cette présence, pour le spectateur, n'existe pas. (La réalité de la présence de l'acteur ne fait que renvoyer à l'irréalité de celle du personnage.)

L'élégance de Hugo, la beauté de Jessica, la vulgarité de Hoederer, le vide de l'appartement d'Olga, voilà des caractéristiques perçues par les personnages, mais dont nous n'avons connaissance que par leur discours. La matérialité des corps et des objets, leur « chair » sont réservées à l'univers fictif dans lequel ils se meuvent et le théâtre de Sartre nous invite à prendre conscience de leur absence. L'odeur de Jessica et celle du tabac refroidi ne sont pas présentes sur scène, et même en nous rapprochant nous ne pourrions les sentir. Nous n'avons affaire qu'à des décors et à des acteurs, qui ont sans doute leur matérialité propre : mais elle n'est que le signe (« l'analogon », dit Sartre) de celle dont on nous parle.

Le mouvement de découverte qui est au centre de la pièce est donc ambivalent : il appelle le spectateur à participer, en même temps qu'il l'invite à percevoir la distance qui le sépare des personnages qu'on lui présente.

2. EN TEMPS LIMITÉ.

Ce qui frappe, dans *Les Mains sales*, c'est moins la brièveté du temps dont les personnages disposent pour agir, que le fait qu'il soit *limité*. Hugo doit tuer Hoederer avant la visite de Karsky et du Prince Paul, ce qui lui donne une semaine. Au moment de la visite d'Olga (après qu'elle a lancé la bombe), ce temps est réduit à vingt-quatre heures. Lorsqu'il se réfugie chez elle, après sa sortie de prison, les tueurs acceptent de ne pas l'abattre immédiatement et lui accordent un sur-

sis de trois heures pour qu'Olga puisse le
« tester ». C'est là qu'il raconte son
meurtre. Son récit terminé, nous assis-
tons alors à un terrifiant rétrécissement
du temps qui se resserre sur Hugo
comme un étau. Vingt minutes d'abord :

OLGA : ... Quelle heure est-il ?

HUGO, *regardant son bracelet-montre* :
Minuit moins vingt.

OLGA : Bien. Nous avons le temps.
Qu'est-ce que tu me disais ? (*M.S.*,
p. 235).

Puis cinq minutes :

OLGA, *soudain lasse* : Quelle heure est-
il ?

HUGO : Moins cinq. (*M.S.*, p. 240).
On entend ensuite un premier bruit de
moteur. Mais la voiture passe, ce n'était
pas celle des tueurs. Nouveau bruit de
moteur. C'est le bon. On entend la voiture s'arrêter, puis des coups frappés à la
porte, une première fois, une seconde
fois, jusqu'à ce que Hugo l'ouvre « d'un
coup de pied ».

Dans des moments moins dramatiques, des actions d'importance
secondaire doivent cependant être
accomplies en un temps déterminé. Hoederer donne « cinq minutes » à Jessica
pour parler et s'en aller et Olga un quart
d'heure à Hugo pour l'écouter : « Hugo,
dans un quart d'heure un camarade jet-
tera une corde par-dessus le mur et il
faudra que je m'en aille. Je suis pressée
et il faut que tu m'écoutes » (*M.S.*,
p. 171).

Si ce temps compté qui s'écoule goutte à goutte est le facteur d'une si intense dramatisation, c'est que le personnage est sans pouvoir sur son écoulement : que ce soit dans une semaine, un quart d'heure ou cinq minutes, son terme arrivera inéluctablement. Le temps est la forme de ma passivité. Ce terme coïncide-t-il avec la mort (nous serions alors dans le domaine de la tragédie)? Pas exactement. Plutôt avec un choix irréversible. Dans vingt-quatre heures, Hugo n'aura pas nécessairement tué Hoederer, mais ou il l'aura tué, ou il ne le tuera jamais (qu'il ait été remplacé, qu'il soit mort, ou qu'il ait renoncé à son projet). A minuit, Hugo ne sera pas nécessairement mort, mais ou il sera mort, ou il sera aligné sur les nouvelles positions du Parti. Le temps est bien la façon dont se manifeste, dans le théâtre de Sartre, le destin, mais ce destin est de choisir. La limite temporelle constitue le choix en objectivité inévitable. Je peux choisir ceci ou cela, mais qu'il faille choisir, voilà qui m'est imposé de l'extérieur, à quoi je suis soumis, voilà la limite de ma puissance et de ma liberté (rappelons que pour Sartre la liberté est un destin et que l'homme est *condamné* — je souligne — à être libre[1]).

1. Voir Dossier, p. 185.

3. DEDANS/DEHORS : VIE/MORT.

La pièce présente une action qui se déroule entièrement dans un espace inté-

154

rieur (« une situation à huis clos », dit Simone de Beauvoir), mais celui-ci est entouré par un espace extérieur, dont il est question dans le dialogue (le jardin ; la ville où veut se rendre Hoederer pour parler à Louis), qui est parfois évoqué visuellement (l'incendie contemplé par Olga, Louis et Hugo à la fin du premier tableau, la « belle vue » que l'on a de la fenêtre de la chambre de Jessica et Hugo), mais dont la présence est surtout sonore (explosion, bruits de voitures, coups frappés à la porte). C'est de cet extérieur que proviennent les bombes et les balles des tueurs. Nous avons affaire à une dualité spatiale : un Dedans bien délimité est cerné par un Dehors aux contours indéterminés d'où la mort peut à tout instant surgir. La villa de Hoederer, comme la chambre d'Olga lorsque Hugo s'y est réfugié, sont des espaces assiégés : « De l'autre côté de ces murs, dit Hoederer, il y a des types qui pensent nuit et jour à me descendre » (*M.S.*, p. 134). Et il ne faut pas moins de quatre hommes pour empêcher une éventuelle sortie de Hugo :

OLGA : ... Il y a des hommes autour de la maison ?

LOUIS : Quatre.

OLGA : Qu'ils restent en faction jusqu'à minuit (*M.S.*, p. 29).

D'innombrables tueurs semblent guetter dans l'ombre, prêts à tirer dès qu'ils pourront apercevoir leur cible.

L'Extérieur n'est cependant pas simplement l'espace d'où peut venir la mort.

La pièce identifie l'Intérieur et la vie, l'Extérieur et la mort. La mort se produit dans la mesure où la frontière entre les deux espaces est franchie, la victime passant de l'intérieur à l'extérieur, le tueur de l'extérieur à l'intérieur. Comme nous l'avons souligné à propos de Jessica, l'acte décisif, en ce domaine aussi, est l'entrée ou la sortie. Comme le dit Olga : « Il ne faut jamais laisser les portes ouvertes » (*M.S.*, p. 166), et de façon très symbolique, le dernier geste de Hugo sera pour ouvrir la porte aux tueurs. Le thème sartrien de la séquestration (cf. par exemple *La Chambre, Le Mur, Huis clos*, sans parler des *Séquestrés d'Altona* ; il a souvent été étudié) n'est pas simplement à envisager de façon négative, comme enfermement, emprisonnement, privation de liberté, mais aussi de façon positive : l'enfermement est protection contre un Dehors mortifère. C'est pourquoi il est impensable que Hoederer sorte puis revienne (au moment des premières représentations, on a beaucoup critiqué l'invraisemblance que constitue la venue à son domicile clandestin du Prince Paul et de Karsky. Il aurait dû se déplacer, mais la dramaturgie sartrienne l'interdisait). Les personnages de *Huis clos*, ces étranges morts-vivants, sont aussi des immortels et cela parce qu'ils vivent dans un espace qui n'a pas de Dehors[1].

S'agissant des *Mains sales*, je me contenterai de souligner quelques for-

1. *Huis clos*, Paris, Gallimard, coll. Folio, 1972, p. 18-19.

mulations significatives qui lient la mort au fait d'entrer ou de sortir :

GEORGES : L'ancien secrétaire sautait le mur toutes les nuits, total on l'a retrouvé un matin la tête dans une mare. Alors le vieux a décidé que le suivant serait marié pour avoir sa suffisance à domicile (*M.S.*, p. 78).

Nous ignorons les circonstances de la mort du précédent secrétaire, mais la phrase en fait une conséquence *directe* du fait de sortir. Autre exemple :

OLGA : Ils ne te toucheront pas tant que tu seras ici.

HUGO : [...] Il faudra bien que je finisse par sortir (*M.S.*, p. 30-31).

Quelle que soit l'interprétation « vraisemblable » à laquelle peuvent donner lieu de tels propos, l'idée s'impose que ce ne sont pas les balles des « camarades » qui sont mortelles, mais l'acte même de sortir. Un peu auparavant, Olga déclarait à Louis :

OLGA : ... Si je juge en conscience qu'il peut travailler avec nous, je vous le dirai *à travers la porte*, vous le laisserez dormir tranquille et vous lui donnerez vos instructions demain matin.

LOUIS : Et s'il n'est pas récupérable ?

OLGA : Je vous ouvrirai la porte (*M.S.*, p. 29. Je souligne).

Le symbolisme est clair : porte fermée = vie ; porte ouverte = mort. Une menace de mort *permanente* pèse sur nos personnages, à qui la moindre ouverture peut être fatale.

Une porte qui s'ouvre est toujours un danger. Au début de la pièce, entendant frapper, Olga se munit d'un revolver avant d'ouvrir, et c'est en entrant à l'improviste que Hugo surprend Hoederer et Jessica en train de s'embrasser.

Dans cette perspective, le véritable acte meurtrier n'est pas le coup de revolver, mais le fait que Hugo pénètre dans l'espace occupé par Hoederer. Dès ce moment, la mort de celui-ci est présentée comme inéluctable :

HUGO : ... D'ailleurs il est trop tard pour t'intéresser à lui.

JESSICA : Pourquoi?

HUGO : Tu tiendras ta langue?

JESSICA : A deux mains.

HUGO : Il va mourir.

JESSICA : Il est malade?

HUGO : Non, mais il va être assassiné comme tous les hommes politiques (*M.S.*, p. 66).

On notera la tournure impersonnelle, qui fait de la mort ou de l'assassinat une fatalité. Même lorsque Hugo emploie la première personne — « C'est vrai! C'est vrai! C'est vrai que je vais le tuer : dans une semaine il sera couché par terre et mort avec cinq trous dans la peau » (*M.S.*, p. 114) — il n'évoque pas son meurtre comme volontaire, mais comme accompli sous l'emprise d'une force qui le rend inévitable. Il semble ne pas en être l'agent, mais le spectateur. Plus précisément, il présente l'assassinat comme un futur antérieur, c'est-à-dire se pro-

« HOEDERER : Dans vingt ans tu diras à tes copains : " C'était le temps où j'étais secrétaire chez Hoederer. " »
Scène extraite du film de Josehp Losey : *L'assassinat de Trotsky.* Ph. © B.F.I., Londres.

Scène extraite du film *Les Mains sales* de Fernand Rivers. Ph. © B.F.I., Londres.

jette après l'acte et l'imagine comme ayant déjà eu lieu. De même, quand il dit : « Je pense au cadavre qu'il sera » (*M.S.*, p. 178), il anticipe une rétrospection (la vie de Hoederer, comme le meurtre appartiendront alors au passé). Nous saisissons là un aspect important du personnage : si, comme nous l'avons noté, il n'envisage jamais l'avenir, c'est qu'il se considère comme parvenu au terme de son existence : après l'assassinat de Hoederer qui la justifiait, il sera « de trop » et n'aura plus qu'à mourir. C'est pourquoi, de façon constante et somme toute assez étonnante, meurtre et suicide sont pour lui liés, tuer et mourir sont une seule et même chose : « C'est la même chose ; tuer, mourir, c'est la même chose » (*M.S.*, p. 179).

Jessica elle aussi se projette après la mort de Hoederer : « Je suis entrée dans le bureau tout à l'heure, il y avait le type qui saignait et vous étiez tous des morts. Hoederer c'était un mort ; je l'ai vu sur son visage ! Si ce n'est pas toi qui le tues ils enverront quelqu'un d'autre » (*M.S.*, p. 176). Les cadavres viennent se superposer aux corps vivants. Comme le devin antique lisait l'avenir dans la disposition des entrailles ou le vol des oiseaux, Jessica perçoit sur les visages les signes d'une mort imminente.

Ce qui donc entre chez Hoederer avec Hugo c'est une force impersonnelle et anonyme qui est La Mort elle-même et il y a indiscutablement, dans la pièce, une personnification de la mort qui lui confère une dimension fantastique. Les deux gardes du corps sont les gardiens du seuil. Appelés plusieurs fois « molosses » ou « chiens de garde », ils évoquent le Cerbère de la mythologie infernale et sont chargés de faire respecter la règle : « Personne n'entre ici sans qu'on le fouille » (*M.S.*, p. 86). Hoederer manque par deux fois à cette règle : une première fois en faisant confiance à Hugo qui lui déclare qu'il n'a pas d'arme (*M.S.*, p. 99). Une deuxième fois après la tentative d'assassinat manquée : « Et s'il veut revenir ici tout à l'heure ne l'arrêtez pas au passage sous prétexte de l'annoncer. Qu'il aille et vienne comme ça lui chante, il ne faut surtout pas l'énerver » (*M.S.*, p. 254). Ce manquement sera lourd de conséquences puisqu'il permettra à Hugo de surprendre le baiser donné à Jessica. Il est dû à une exigence de vraisemblance : sans ce relâchement de la surveillance, le crime ne pourrait avoir lieu. Mais plus profondément, il lie la mort de Hoederer à *l'entrée* de Hugo. Pourquoi une telle négligence ? Amour pour Hugo ? Erreur d'appréciation de Hoederer qui lui fait penser que le jeune homme n'est désormais plus capable de le tuer ? Désir de mourir chez le vieux chef prolétarien dont l'œuvre est achevée ? Quoi qu'il en soit, c'est parce que Jessica et Hugo ont pu entrer que Hoederer est mort. Sa vigilance s'est durant quelques instants interrompue. L'entrée a été libre. Le Dehors et la Mort ont alors pris possession du Dedans et de la Vie.

*

La dramaturgie des *Mains sales* (et sans doute du théâtre de Sartre en général) se caractérise par l'importance du rôle dévolu aux gestes. Aucun n'est là par souci de réalisme (pour « faire vrai »). Ils ont tous une fonction dans l'économie de la pièce. D'abord ils signifient. Hoederer se jette sur Hugo pour le protéger au moment où la bombe explose. Ce comportement renvoie à son amour pour le jeune homme. Autre exemple : il est souvent question d'éteindre la lumière ou de fermer les volets. Rappel de la constante menace de mort qui pèse sur les personnages en scène.

Mais les gestes apparaissent aussi dans les moments de tension paroxystique : ils représentent alors un « passage à l'acte » (ou son impossibilité). C'est le cas, entre autres, lors du moment crucial de la tentative d'assassinat qui est entièrement muet : Hoederer tourne le dos à Hugo et prépare du café. Celui-ci cherche à sortir le revolver de sa poche et n'y parvient pas. La parole se prolonge en gestes lorsque la dramatisation atteint son maximum. Le conflit des forces antagonistes est alors au point de sa plus grande intensité qui est aussi le point de sa résolution.

VII UNE PIÈCE ANTICOMMUNISTE ?

La réception des *Mains sales* se caractérise, de façon somme toute assez étonnante, par de virulentes attaques communistes et par l'approbation de la presse non communiste[1]. Les uns et les autres mettent l'anticommunisme au centre de la pièce et une bonne partie des déclarations et interviews de Sartre à son sujet seront faites pour essayer de la dégager de cette lecture étroitement politique.

Les Lettres françaises, *Action* sont immédiatement très hostiles. Les éloges de la critique « bourgeoise » n'arrivent qu'après ces premières attaques : « Cependant la presse bourgeoise ne se prononça pas tout de suite, écrit Simone de Beauvoir, elle attendait le verdict des communistes. Ceux-ci conspuèrent la pièce. Alors la bourgeoisie couvrit Sartre de fleurs[2]. » On est surpris, aujourd'hui, de voir à quel point la pièce est prise dans la violence de l'affrontement politique, et malgré toutes les déclarations de Sartre, réduite à une œuvre de circonstance, pamphlet ou machine de guerre contre le communisme. Une formule de Pierre de Boisdeffre illustre parfaitement cette réduction : « *Les Mains sales* [apparaissent] comme une lumineuse démonstration anticommuniste[3]. »

1. Voir Dossier, p. 191-195.

2. *F.C.*, p. 212.

3. *Métamorphose de la littérature*, t. II, Paris, 1951, p. 190.

Du côté communiste, deux points sont soulignés :

— La pièce présenterait l'assassinat politique comme une pratique courante du Kominform dont les chefs se débarrasseraient ainsi des opposants de l'intérieur.

— Le « retournement final » du Parti illustrerait le machiavélisme de dirigeants prêts à tout pour ne pas reconnaître leurs erreurs passées.

De tels arguments reposent sur l'idée que Hugo est sinon le personnage positif de la pièce, en tout cas celui auquel Sartre s'identifie et dont nous sommes invités à approuver l'idéalisme, face à la conduite « politique » des autres. Ils impliquent que Hoederer n'est rien de plus que l'image que s'en fait Hugo : un dirigeant avide de pouvoir et prêt à utiliser tous les moyens pour parvenir à ses fins. Inutile d'insister sur le schématisme d'une telle interprétation, à laquelle Simone de Beauvoir et Sartre vont vigoureusement s'opposer.

Dans *La Force des choses*, celle-là voit en Hugo, de façon peut-être un peu simpliste, un personnage qui a radicalement tort :

« Hugo se décide à tuer pour se prouver qu'il en est capable, sans savoir si Louis a raison contre Hoederer. Il choisit ensuite de revendiquer cet acte étourdi alors que ses camarades lui demandent de se taire. Il a si radicalement tort que la pièce pourrait se jouer, en période de détente, dans un pays communiste... » Il s'agit d'un simple renversement[1] de l'interprétation qui fait de Hugo le personnage négatif et de Hoederer le personnage positif. Cette « étourderie » attribuée à Hugo, qui serait en somme caractérisé par un mixte d'irréflexion et d'entêtement, implique une conception du personnage elle-même bien légère, alors qu'il s'agit d'un meurtre dont tout indique par ailleurs que son auteur l'assume pleinement.

Sartre lui-même est plus nuancé, plus « dialectique », si l'on veut. Il donne deux raisons « externes » à l'hostilité communiste :

— Un « compagnon de route critique » ne peut être toléré par le stalinisme : « ... un compagnon de route d'accord en tout, oui, mais un compagnon de route critique était un ennemi[2]. »

— La constitution du R.D.R., « groupe de gauche... à côté du Parti[3] ». A la question : « Et il est donc naturel que le P.C. vous ait considérés comme des concurrents, c'est-à-dire des adversaires ? » Sartre répond : « Tout à fait naturel.[...] Le groupe était déjà constitué depuis longtemps quand *Les Mains sales* a été monté, et il était inévitable que la pièce obtînt l'étiquette R.D.R. et qu'elle devînt donc anticommuniste[4]. »

Quant aux raisons « internes » de cette hostilité, le seul élément qui, dans la pièce, d'après Sartre, puisse l'expliquer, n'est pas exactement le « changement de

1. *F.C.*, p. 210.

2. *T.S.*, p. 254.

3. *T.S.*, p. 255.

4. *T.S.*, p. 255.

ligne » des dirigeants du Parti, révélé à la fin, mais plutôt le fait que celui-ci s'accompagne d'une falsification du passé : « La falsification du passé a été une pratique systématique du stalinisme[1]. » Nous avons noté que le stalinisme était en effet la seule cible qu'il reconnaissait aux *Mains sales*.

1. *T.S.*, p. 256.

S'agissant de savoir quel est le personnage positif de l'œuvre, plusieurs affirmations de Sartre sont à retenir.

D'une part, il ne prend pas parti (il ne conclut pas) : « Je donne raison à tous : au vieux chef réaliste du Parti Prolétarien, qui, parce qu'il transige provisoirement avec la réaction, se voit qualifié de "social-traître" par pur opportunisme. Et aussi à son jeune disciple, éperdu d'idéalisme, que les "durs" ont chargé d'exécuter celui qui fut son idole[2]. »

2. *E.S.*, p. 178-179.

D'autre part, il faut, selon Sartre, distinguer entre le sens subjectif de la pièce (le sens qu'elle a pour son auteur) et son sens objectif (celui qu'elle a pour le public).

Subjectivement, Sartre s'identifie à Hoederer (tout en comprenant Hugo) : « C'est l'attitude de Hoederer qui seule me paraît saine[3]. » « J'ai la plus grande compréhension pour l'attitude de Hugo, mais vous avez tort de penser que je m'incarne en lui. Je m'incarne en Hoederer. Idéalement, bien sûr ; ne croyez pas que je prétende être Hoederer... Hoederer est celui que je voudrais être si j'étais un révolutionnaire, donc je suis

3. *T.S.*, p. 249.

Hoederer, ne serait-ce que sur un plan symbolique[1]. »

1. *T.S.*, p. 259.

Objectivement, parce que la représentation (où interviennent metteur en scène et acteurs) échappe en partie à l'auteur. Parce que le public attend un certain nombre de choses de la pièce, celle-ci acquiert, *dans des circonstances déterminées*, un « sens objectif » qui lui est attribué par les spectateurs et qui peut différer de son sens subjectif : « Cela veut dire que la pièce est devenue *par elle-même* anticommuniste, objectivement et que les intentions de l'auteur ne comptent plus[1]. » (Sartre souligne.)

2. *T.S.*, p. 251.

On voit que le débat tourne autour de la question de savoir qui a raison et qui a tort. Pour les uns, Hugo a raison et Hoederer a tort ; pour les autres, Hugo a tort, et Hoederer a raison. Sartre, tout en donnant son opinion, laisse au fond à chacun la liberté de se prononcer. On notera simplement que ce débat ne fait que répercuter un débat entre divers personnages à l'intérieur même de la pièce (nous en avons parlé) et que par ailleurs, nous avons là un bel exemple d'« effacement » de l'auteur qui donne son opinion comme une parmi d'autres et n'intervient en aucune façon dans les rapports entre les spectateurs et l'œuvre.

*

Voilà donc Sartre obligé de surveiller les effets anticommunistes de sa pièce.

D'autant plus qu'on ne se prive pas de l'utiliser en ce sens.

En novembre 1948 est présentée à New York une adaptation américaine des *Mains sales*, due à Daniel Taradash et intitulée *Red Gloves*. Elle n'a que peu de rapports avec l'original. Hugo ne meurt plus ; la personnalité de Jessica est transformée ; Hoederer — interprété par Charles Boyer — est devenu le personnage principal : un politicien élégant et raffiné qui, entre autres, tient à Hugo un long discours sur Abraham Lincoln. Tout cela s'est bien entendu fait sans l'accord de Sartre, probablement par l'intermédiaire de l'éditeur Nagel qui détenait les droits de la pièce. Brouille et procès entre les deux hommes. Sartre estime que 90 % du texte ne sont pas de lui et s'insurge contre la verbosité, l'absence de suspense et de surprises, en un mot, l'absence de « théâtralité » d'une adaptation qui est par ailleurs un échec critique et commercial.

Cette transposition américaine est caractéristique de l'utilisation de l'œuvre comme un instrument dans la guerre froide, de même que, pour l'autre camp, la violente compagne communiste dont elle est l'objet :

— En décembre 1948, une démarche officielle est faite par l'U.R.S.S auprès des autorités d'Helsinki pour empêcher la représentation de la pièce considérée comme « propagande hostile à l'U.R.S.S. ».

— Le 10 février 1949, *Les Lettres françaises* publient une attaque d'Ilya Ehrenbourg sur le même thème[1].

1. Voir dossier, p. 193.

— Le 29 août 1951, sortie du film *Les Mains sales* de Fernand Rivers. Adaptation Rivers et Jacques-Laurent Bost. Dialogues de Sartre. Hoederer est incarné par Pierre Brasseur, Hugo par Daniel Gélin. Cette adaptation, fidèle dans l'ensemble à la pièce, en accentue les aspects anticommunistes. Les militants du Parti Prolétarien, par exemple, particulièrement Georges et Slick, deviennent de véritables gangsters. Film très académique et conventionnel, il donna lieu à de violentes réactions communistes, au point que dans certaines salles la projection dut avoir lieu sous protection de la police.

Dès avant la sortie du film, Sartre avait publiquement pris ses distances par rapport à l'utilisation anticommuniste qui pourrait en être faite : « Je m'en lave les mains. J'ai vendu les droits vingt jours avant la première de ma pièce.[...] Je ne suis responsable, ni de la date de sortie, ni du film lui-même[2]... »

2. *E.S.*, p. 488.

D'autant plus que depuis 1950 il amorce un rapprochement avec les communistes et se considère à partir de la fin de l'année 1951 comme un « compagnon de route critique ». Il décide alors de n'autoriser la représentation de la pièce qu'avec l'accord des P.C. des pays concernés. Il l'interdit en Espagne, en Grèce, en Indochine. En 1952, sur le point de participer au Congrès de la Paix et ne voulant pas qu'elle devienne une arme contre celui-ci, il en interdit la représentation à Vienne. En 1954, le Volkstheater de Vienne présente cependant la pièce sans autorisation. Sartre tient une conférence de presse pour protester, au cours de laquelle il déclare : « Je ne désavoue pas *Les Mains sales*, mais je regrette l'usage qui en a été fait. Ma pièce est devenue un champ de bataille politique, un instrument de propagande politique. Dans l'atmosphère actuelle de tension, je ne crois pas que sa représentation, en des points névralgiques comme Berlin ou Vienne puisse servir la paix[1]. »

Jusqu'en 1962 Sartre n'autorisera plus la représentation de la pièce. En 1966 encore, il la fait interdire à Anvers où elle avait été montée sans autorisation par le Fakkel Teater. Seules représentations autorisées : en 1964 au Teatro Stabile de Turin ; en 1968, en Yougoslavie, puis en Tchécoslovaquie. A l'occasion de la représentation turinoise paraît la traduction italienne (*Le Mani sporche*) accompagnée d'une importante interview (à laquelle nous nous sommes référé plusieurs fois) que Sartre accorde à Paolo Caruso, traducteur de *Critique de la raison dialectique*. Quelques modifications sont apportées à la version française :

— L'action se déroule en Hongrie (dont le nom reste toutefois sous-

1. *E.S.*, p. 182.

entendu) de mars 1943 au printemps 1945. Des changements de nom : Louis devient Walter, Georges, Lucas, etc.

— Quelques détails « aventureux » ou « sentimentaux » sont supprimés.

— La caractérisation de la « base » communiste est atténuée pour éviter un ton « plébéogangstérique pour le moins équivoque[1] ».

1. *E.S.*., p. 182-183. Nous empruntons ces renseignements, ainsi que beaucoup des informations données au cours de cet ouvrage, au livre indispensable de Michel Contat et Michel Rybalka.

Depuis 1968, une seule reprise des *Mains sales* : en 1976, au théâtre des Mathurins, dans une mise en scène de Patrick Dréhan, avec Paul Guers dans le rôle de Hoederer. Notons en 1978, un film d'Elio Petri, *Le Mani sporche*. En somme, passé le succès immédiat, quelques rares représentations ici et là.

On peut retenir de ce bref parcours de la réception de la pièce, qu'elle n'a jamais été considérée en elle-même et pour elle-même, la situation historique et politique ne le permettant pas. Bel exemple d'une œuvre happée et annihilée par les affrontements politiques, elle a été soit réduite à une arme dans la guerre froide et le conflit des deux blocs, soit, justement pour ne pas servir d'arme, purement et simplement retirée de la scène. Il est à souhaiter qu'elle y paraisse à nouveau, mais aussi, les passions politiques un peu estompées, que se poursuive (car elle a déjà commencé) une lecture plus sereine et qui sache suspendre, au moins momentanément, les pressions de l'histoire. Nous avons essayé d'y contribuer.

Les Mains sales. Mise en scène de Jean Cocteau et Pierre Valde. Théâtre Antoine, 1948.
André Luguet, Jean Violette et Jacques Castelot. Ph. © Bernand.

cher Sartre
Je n'oublerai jamai que
vos m'avez permis
de donner un coup de
main aux côtes.
Jean Cocteau

Mot de Jean Cocteau à Jean-Paul Sartre. © S.P.A.D.E.M., 1991.

DOSSIER

I. REPÈRES CHRONOLOGIQUES

1905	21 juin. Naissance à Paris de Jean-Paul Sartre, fils de Jean-Baptiste Sartre, enseigne de vaisseau, et Anne-Marie Schweitzer, petit-fils de Charles Schweitzer et Louise Guillemin. Son grand-père est un germaniste réputé, pionnier de la méthode directe d'enseignement des langues.
1906	Mort du père de Sartre.
1906-1915	Élevé entre sa mère et ses grands-parents maternels : « Jusqu'à dix ans je restai seul entre un vieillard et deux femmes » *(Les Mots)*.
1915-1929	Études secondaires, puis supérieures. École normale supérieure. Premier à l'agrégation de philosophie en 1929. Rencontre, cette année-là, Simone de Beauvoir.
1929-1931	Service militaire.
1931-1944	Sartre est professeur dans l'enseignement secondaire.
1933	Boursier à l'Institut français de Berlin. Étudie Husserl.
1938	Parution de *La Nausée*.
1939	La guerre. Pour Sartre comme pour d'autres, expérience cruciale : « la guerre a vraiment divisé ma vie en deux [...] C'est ça le vrai tournant de ma vie : avant, après » *(Situations X)*. Mobilisé le 2 septembre, fait prisonnier le 21 juin 1940, il écrit au Stalag XII D à Trèves sa première pièce *Bariona ou le Fils du tonnerre*, exclusivement destinée à ses compagnons de captivité. Libéré à la mi-mars, il est démobilisé le 23 août 1941.

1943   *Les Mouches. L'Être et le Néant.*

1944   Première de *Huis clos.*

1945   *L'Âge de raison. Le Sursis.*
Fréquentation du Tout-Paris. Vogue de l'existentialisme.
15 octobre. Premier numéro des *Temps modernes.*
29 octobre. Conférence « L'existentialisme est-il un humanisme ? » qui entraîne de violentes réactions communistes.

1946   *Morts sans sépulture. La P... respectueuse. Réflexions sur la question juive.* Les rapports avec les communistes se dégradent encore.

1947   *Situations I. Théâtre I. Baudelaire.*
Avril-juin. Défense de Nizan diffamé par les communistes.
Octobre-novembre. « La tribune des *Temps modernes* », émission radiophonique supprimée au bout de quelques semaines.

1948   *Situations II. L'Engrenage.*
Fin février. Participe à la fondation du R.D.R.
2 avril. Première des *Mains sales.*
18 juin et 24 novembre. Entretiens sur la politique avec Rousset et Rosenthal.
Août. Congrès de Wroclaw. Sartre est traité de « hyène à stylographe » par Fadeev.
30 octobre. L'œuvre de Sartre est mise à l'index par le Saint-Office.

1949   *La Mort dans l'âme. Situations III. Entretiens sur la politique.*
Juin. Éclatement du R.D.R.
12 octobre. Démission de Sartre du mouvement.

1950   Abandonne à peu près toute activité politique.

1951   Juin. Première de *Le Diable et le Bon Dieu.*
Été. *Les Mains sales,* film de F. Rivers.

1952-1956	Époque du « compagnonnage critique » avec le P.C.F.
1952	*Saint Genet, comédien et martyr.*
1953	Première de *Kean*.
1955	Première de *Nekrassov*.
1956	Après l'intervention soviétique en Hongrie, rupture avec le P.C. français.
1956-1962	En toile de fond, la guerre d'Algérie et le gaullisme. Opposition de Sartre à la guerre, comme à de Gaulle.
1957-1959	Écriture de *Critique de la raison dialectique*.
1959	Première des *Séquestrés d'Altona*.
1960	Publication de *Critique de la raison dialectique*.
1964	*Les Mots. Situations IV, V, VI.* 22 octobre. Refus du Nobel.
1965	Première des *Troyennes*.
1966	Accepte de faire partie du « tribunal Russell ».
A partir de 1968	Sartre soutient certains mouvements d'extrême gauche, notamment « maoïstes ».
1969	Mort de sa mère.
1971	T. 1 et 2 de *L'Idiot de la famille*.
1972	*Situations VIII* et *IX*. T. 3 de *L'Idiot de la famille*.
1973	*Un théâtre de situations.* 22 mai. Premier numéro de *Libération* dont Sartre est le directeur. Juin. Frappé d'une demi-cécité qui l'empêche d'écrire.
1974	*On a raison de se révolter.*
1976	*Situations X.*
1980	Hospitalisé le 20 mars, Sartre meurt le 15 avril. Ses obsèques sont suivies par 50 000 personnes.

Les textes qui suivent sont regroupés en quatre parties :

Atmosphère d'époque. Extraits concernant le contexte politique, l'élaboration, les premières représentations, l'accueil critique de la pièce.

Éclairage théorique. Passages d'œuvres de Sartre qui constituent un aperçu sur le contexte philosophique et esthétique des *Mains sales*.

Fictions. Fictions de Sartre qui font écho à certains aspects de la pièce.

Lectures. Extraits d'interprétations de l'œuvre.

II. ATMOSPHÈRE D'ÉPOQUE

1. PREMIÈRE REPRÉSENTATION.

Dans les lignes qui suivent, Simone de Beauvoir commente la pièce, évoque la première représentation et les réactions qu'elle suscita.

Il s'occupa de faire jouer *Les Mains sales*. Le sujet lui en avait été suggéré par l'assassinat de Trotsky. J'avais connu à New York un des anciens secrétaires de Trotsky ; il m'avait raconté que le meurtrier, ayant réussi à se faire engager comme secrétaire lui aussi, avait vécu assez longtemps aux côtés de sa victime, dans une maison farouchement gardée. Sartre avait rêvé sur cette situation à huis clos ; il avait imaginé un personnage de jeune communiste né dans la bourgeoisie, cherchant à effacer par un acte ses origines, mais incapable de s'arracher à sa subjectivité, même au prix d'un assassinat ; il lui avait opposé un militant entièrement donné à ses objectifs. (Encore une fois, la confrontation de la morale et de la *praxis*.) Ainsi qu'il le dit dans ses interviews, il n'avait pas voulu écrire une pièce politique. Elle le devint du fait qu'il prit pour protagonistes des membres du P.C. Elle ne me paraissait pas anticommuniste. Contre le Régent, contre la bourgeoisie fasciste, les communistes constituaient la seule force valable ; si un dirigeant, dans l'intérêt de la résistance, de la liberté, du socialisme, des masses, en faisait supprimer un autre, je pensais comme Sartre qu'il échappait à tout jugement d'ordre moral : c'était la guerre, il se battait ; cela ne signifiait pas que le parti communiste fût composé d'assas-

La Force des choses, op. cit., t. I, p. 209-213.

sins. Et puis — de même que dans *Morts sans sépulture* Henri, égocentrique et orgueilleux, est moralement dominé par le communiste grec — ainsi dans *Les Mains sales* la sympathie de Sartre va à Hoederer. Hugo se décide à tuer pour se prouver qu'il en est capable, sans savoir si Louis a raison contre Hoederer. Il choisit ensuite de revendiquer cet acte étourdi alors que ses camarades lui demandent de se taire. Il a si radicalement tort que la pièce pourrait se jouer, en période de détente, dans un pays communiste : c'est d'ailleurs ce qui s'est passé récemment en Yougoslavie. Seulement en 1948, à Paris, les circonstances étaient différentes. [...]

Simone Berriau accepta tout de suite *Les Mains sales* ; les rôles de Hoederer et de Jessica furent distribués à Luguet et à Marie Olivier ; mais qui pouvait jouer Hugo ? On avança, on rejeta des noms. Un après-midi, au Véfour, Simone Berriau lança : « Je vais dire une connerie : si on essayait Périer ? » Nous imaginions Hugo maigre et tourmenté ; mais enfin, soit, on pouvait tenter le coup. Dès les premières répétitions, Périer avait gagné : il était Hugo, comme Vitold dans *Huis clos* avait été Garcin. La mise en scène fut confiée à Valde et amicalement supervisée par Cocteau ; pour les décors, Bérard donna quelques conseils : autour de sa barbe flottait toujours une odeur d'éther. Le langage des gens de théâtre m'enchantait. Au début, Luguet donnait au militant communiste quelque chose de boulevardier : « Tu comprends, lui dit Cocteau. Tu as un charme fou, tu ruisselles de charme ; alors n'en *fais* pas, au contraire : essaie de ne pas être charmant ; sinon, bien que ta création soit tout à fait extraordinaire, ton personnage ne sortirait pas vraiment juste. » Luguet répondit avec humeur : « En somme, tu me trouves mauvais comme un cochon ? » Il y avait dans la pièce une réplique qui le vexait : « Il est vulgaire », dit Jessica à Hugo ; Sartre s'expliqua : elle ment pour dissimuler l'intérêt que Hoederer lui inspire. « Oh ! si vous pensez que le public me trouvera vulgaire, c'est votre droit », conclut Luguet.

Sartre était absent le soir de la générale. (Il donnait une conférence dans une loge maçonnique, certains maçons l'ayant assuré que leur organisation pouvait sérieusement épauler l'effort du R.D.R. : il vit, il entendit, il comprit.) Tous les acteurs jouèrent parfaitement : les journaux annoncèrent le lendemain qu'avec Périer un nouveau Guitry venait d'apparaître. Je me trouvais dans une loge avec Bost et les gens nous serraient la main : « Magnifique ! Admirable ! » Cependant la presse bourgeoise ne se prononça pas tout de suite : elle attendait le verdict des communistes. Ceux-ci conspuèrent la pièce. « Pour 30 deniers et un plat de lentilles américaines, Jean-Paul Sartre a vendu ce qui lui restait d'honneur et de probité », écrivit un critique russe. Alors la bourgeoisie couvrit Sartre de fleurs. Un après-midi, à la terrasse de la Rhumerie martiniquaise, Claude Roy passa et me serra la main : jamais il ne s'était permis de coup bas contre Sartre. « Quel malheur, lui dis-je, que vous autres communistes vous n'ayez pas annexé *Les Mains sales* ! » En fait, cette récupération, à ce moment-là, n'était guère concevable. La pièce sortait anticommuniste parce que le public donnait raison à Hugo. On assimila le meurtre de Hoederer aux crimes qu'on imputait au Kominform. Surtout, aux yeux de ses adversaires, le machiavélisme des dirigeants, leur retournement final, condamnaient le P.C. Politiquement, c'était le moment le plus vrai de la pièce : dans tous les P.C. du monde, quand une opposition tente de faire prévaloir une ligne nouvelle et juste, elle est liquidée (avec ou sans violence physique) : puis les dirigeants reprennent le changement à leur compte. Dans le cas de l'Illyrie — inspirée de la Hongrie — les hésitations du parti, sa décision finale se justifiaient par les circonstances ; seulement ses difficultés intérieures étaient étalées devant des gens qui le regardaient du dehors avec animosité. Ils donnèrent à la pièce le sens qu'elle avait en effet pour eux. C'est pourquoi Sartre fut amené plusieurs fois à refuser qu'on la jouât à l'étranger.

2. LES EXISTENTIALISTES ET LA POLITIQUE.

Les Mains sales doivent être replacées dans le contexte des rapports de Sartre et des communistes français. De la Libération à au moins la fin de l'année 1951 ils se caractérisent par une grande tension. La première partie (« La troisième voie sans troisième force ; 1945-1950 ») du livre de Michel-Antoine Burnier *Les Existentialistes et la politique* en fournit une analyse historique claire. Voici quelques extraits du chapitre intitulé par une citation de Merleau-Ponty « On ne peut pas être anticommuniste, on ne peut pas être communiste ».

C'est sur cette base que l'on peut étudier les rapports des existentialistes des *Temps modernes* et du P.C. Sartre apparaît tout de suite comme dangereux aux communistes : « Sitôt finie la bonace de 1945, ils m'attaquèrent, écrit-il. Ma pensée

Les Existentialistes et la politique, Paris, Gallimard, coll. Idées, 1966, p. 51-54.

politique était confuse, mes idées pouvaient nuire[1]. » En effet, le temps ne dura guère où *Action* faisait l'éloge d'un « passage extrêmement brillant » d'un article de Jean-Paul Sartre dans *Confluences*, « où sa critique se développe coude à coude avec l'analyse marxiste[2] ».

Pourtant Sartre avait souhaité maintenir un accord, une amitié même, avec les communistes. « Contre un certain marxisme, celui que professait le P.C., il tenait à sauver la dimension humaine de l'homme. Il espérait que les communistes donneraient une existence aux valeurs de l'humanisme ; il essaierait, grâce aux outils qu'il leur emprunterait, d'arracher l'humanisme au bourgeois. [...] Sur le plan politique, il pensait que les sympathisants avaient à jouer à l'extérieur du P.C., le rôle qu'à l'intérieur des autres partis assume l'opposition : soutenir en critiquant[3]. »

Tout cela semblait possible au lendemain de la Résistance, où les journaux, communistes ou non, échangeaient leurs éditorialistes, où toutes les tendances politiques « de gauche » s'entendaient en gros sur un même programme et partageaient les mêmes haines. En outre, les contacts que Sartre pouvait avoir avec des intellectuels communistes l'incitaient à penser que les divergences qu'il avait avec eux n'étaient pas graves : Sartre rencontrait Courtade, Francis Ponge, Rolland, Kanapa, qui avait été son élève et qui avait donné un article au premier numéro des *Temps*

1. Sartre (J.-P.), « Merleau-Ponty vivant », *Les Temps modernes*, n° 184-185, numéro spécial sur Maurice Merleau-Ponty, 1961, p. 311.

2. F.P., « Chronique des chroniques et revue des revues », *Action*, vendredi 27 avril 1945, n° 34.

3. Beauvoir (S. de), *La Force des choses*, p. 18.

modernes. La presse communiste soutint *Morts sans sépulture* où Sartre donne d'ailleurs le beau rôle au militant du P.C. Mais très tôt le Parti prit ombrage des succès de l'existentialisme. Le sens que prenait le terme dans la grande presse ne l'incitait guère à l'indulgence, d'autant plus que Sartre pouvait débaucher des intellectuels communistes tout en offrant malgré lui une idéologie de rechange à la droite et à l'individualisme qui se trouvaient à court d'idées et volaient chez lui quelques analyses qui, déformées, faisaient bien leur affaire. Les attaques communistes, d'abord discrètes, prirent rapidement de l'ampleur — et l'on sait que le vocabulaire, les images et les amalgames communistes ne sont pas tendres. Sartre, d'abord surpris, s'aperçut rapidement qu'il ne s'agissait pas d'articles provenant d'« éléments incontrôlés ». Dans *Entretiens sur la politique*[1], il raconte comment il a essayé de maintenir le dialogue, sans céder sur les principes et tout en maintenant ses critiques. Les communistes lui ont répondu qu'il était « payé par l'ambassade américaine » ou qu'il « soutenait une bourgeoisie mourante ». Les textes de base du P.C., à l'époque, désignaient l'existentialisme comme l'ennemi idéologique numéro un.

Sartre avait pourtant tenté de situer ces discussions sur le plan de la bonne foi. En envoyant à *Action* un article intitulé « A propos de l'existentialisme, mise au point[2] », il entendait situer clairement les divergences et les points d'accord, et faire cesser les attaques personnelles et les

1. Sartre (J.-P.), *Entretiens sur la politique*, Paris, Gallimard, 1949, chap. XV du premier entretien : « Aventures et mésaventures des intellectuels staliniens », p. 70-78.
2. Article paru dans *Action* du 29 décembre 1944, n° 17.

injures. Quelques mois de répit lui furent à peine accordés. En juin 1945, Henri Lefebvre[1], tout en feignant de ne plus reprocher à Sartre « d'avoir été le disciple du nazi Heidegger », le traitait d'idéaliste, de subjectiviste, de fabricant de machines de guerre contre le marxisme. A partir de cette date, les injures ne cessèrent plus. *L'Humanité* prit l'habitude de parler du « laquais de service » du gaullisme (ou de l'impérialisme américain, suivant les jours). En toute occasion, les communistes ont accusé Jean-Paul Sartre « d'avoir comme philosophe fait marcher l'homme à quatre pattes, comme politique de faire le jeu de la réaction, comme écrivain d'être un décadent et un fossoyeur, comme individu une pourriture ». Kanapa, dans *L'existentialisme n'est pas un humanisme*, montrait du doigt l'abcès fasciste que représentait Sartre à ses yeux. Nizan, à la même époque, était traité de flic par la presse du P.C. Sartre décida d'affirmer quelques vérités un peu dures et signa avec Mauriac, Bost, Guéhenno... un texte de protestation. Et il constata dans *Les Temps modernes* que « la politique du communisme stalinien est incompatible avec l'exercice honnête du métier littéraire[2] ».

Avec *Les Mains sales*, la campagne du P.C. atteignit son paroxysme. Pourtant, en soi, la pièce n'était pas anticommuniste dans son intention, et Sartre donnait raison à Hoederer, le responsable du P.C., contre Hugo, jeune bourgeois individualiste rallié au communisme. Seulement, comme l'explique Simone de Beauvoir[3], « la pièce sortait

1. Lefebvre (H.), « Existentialisme et marxisme, réponse à une mise au point », *Action*, 8 juin 1945, n° 40.
2. Sartre (J.-P.), *Qu'est-ce que la littérature ?, op. cit.*
3. Beauvoir (S. de), *La Force des choses, op. cit.*, p. 168.

anticommuniste parce que le public donnait raison à Hugo. On assimila le meurtre de Hoederer aux crimes qu'on imputait au Kominform ». La pièce était anticommuniste parce qu'à la fois la bourgeoisie et le P.C. voulaient qu'elle le soit. « Pour 30 deniers et un plat de lentilles américaines, Jean-Paul Sartre a vendu ce qui lui restait d'honneur et de probité », écrivait un critique russe[1]. Et lorsque est sorti le film tiré de la pièce, le P.C. dépêcha des militants dans les cinémas pour manifester contre une provocation policière aussi évidente. Cependant, Sartre gardait son calme et assurait que ses querelles avec les communistes n'étaient pas du même style que celles avec les catholiques, qu'il ne s'agissait avec le P.C. que d'une « querelle de famille » et que s'il avait à choisir entre le P.C. et l'Église (ou le R.P.F., ou les U.S.A.) il n'hésiterait pas : il choisirait le P.C.

3. LE R.D.R.

Moment fort de l'activité politique de Sartre à cette époque (et qui porta l'hostilité communiste à son maximum) : il prend part à la fondation du Rassemblement démocratique révolutionnaire. Dans le passage qui suit Simone de Beauvoir insiste moins sur les raisons objectives de l'adhésion de Sartre au R.D.R. (trouver une « troisième voie » entre les deux blocs) que sur les motifs profonds qui l'ont poussé à passer de la réflexion au militantisme.

C'est à ce moment-là qu'Altmann et Rousset eurent une longue conversation avec Sartre. De tous les gens que nous avions rencontrés chez

La Force des choses, op. cit., t. I., p. 205-209.

---

1. Cité par Simone de Beauvoir, *ibid.*

Izard, David Rousset était, sinon le plus intéressant, du moins le plus volumineux. Merleau-Ponty avait été en contact avec lui, avant la guerre, au temps où Rousset était trotskyste ; il nous l'avait décrit à son retour de déportation : un frêle squelette, qui flottait dans un peignoir japonais ; il pesait quarante kilos ; quand Merleau-Ponty nous le fit connaître, Rousset avait retrouvé sa corpulence ; un carreau noir couvrait un de ses yeux, il lui manquait des dents : il avait l'air d'un corsaire et une voix énorme. Nous avions lu d'abord dans *La Revue internationale* son étude sur *L'Univers concentrationnaire*, puis *Les Jours de notre mort* ; j'admirais la volonté de vivre qui éclairait ses récits. S'inspirant de l'« appel » rédigé chez Izard, il travaillait avec Altmann, Jean Rous, Boutbien, Badiou, Rosenthal, quelques autres, à mettre sur pied un « Rassemblement démocratique et révolutionnaire ». Il s'agissait de grouper toutes les forces socialistes non ralliées au communisme et d'édifier avec elles une Europe indépendante des deux blocs. De nombreux mouvements militaient pour une Europe unie : des « États généraux de l'Europe » allaient se tenir en mai, à La Haye. Mais l'idée du R.D.R., c'était que l'union se fît à la base, dans une perspective socialiste et neutraliste. On souhaitait que Sartre entrât dans le bureau directeur. Je craignais qu'il ne gâchât beaucoup de temps dans cette aventure : on en avait tant perdu chez Izard ! Il m'objecta qu'il ne pouvait pas prêcher l'engagement et se dérober quand l'occasion s'en offrait. La création du Kominform puis, le 25 février, « le coup de Prague », exaspéraient l'anticommunisme et la psychose de guerre. Des Américains annulaient leurs voyages en Europe. En France, sans que personne songeât à plier bagage, on parlait abondamment d'une invasion russe. Sartre pensait qu'entre un P.C. qui s'alignait sur l'U.R.S.S. et une S.F.I.O. embourgeoisée, il y avait un rôle à jouer. Il signa donc un manifeste où il s'associait à Rousset et à ses camarades et, le 10 mars, dans une conférence de presse, ils développèrent le thème : « La guerre n'est pas inévitable. » Ils tinrent un meeting, le 19 mars, salle Wagram : il vint énormément de monde et le mouvement recueillit des adhésions. Bourdet n'y entra pas, mais il l'appuya par des articles ; de son côté il lança dans *Combat* une campagne pour la paix et l'unité européenne. Ce soutien n'empêchait pas que le R.D.R. eût besoin d'un journal à soi. Sartre aurait trouvé normal qu'Altmann, qui était avec Rousset un des fondateurs, fît de *Franc-tireur* l'organe du mouvement : il s'y refusa ; il fallut se contenter d'un bimensuel, *La Gauche* R.D.R., dont le premier numéro parut en mai et qui ne brillait guère : les fonds manquaient. C'était aussi la raison, disait Rousset, pour laquelle le R.D.R. ne démarrait que lentement : mais il avait dans l'avenir une confiance contagieuse. Cependant, dans son discours de Compiègne, en mars, de Gaulle redoubla de violence contre les communistes ; un vaste congrès R.P.F. se tint à Marseille en avril. Les Américains réclamaient qu'on chassât Joliot-Curie de la Commission de contrôle atomique. Aux élections italiennes, Gasperi l'emporta. Lutter contre cette droite tout en gardant ses distances à l'égard du stalinisme, ce n'était pas simple. Sartre s'expliqua sur son attitude dans les « Entretiens » avec Rousset qui parurent d'abord dans *Les Temps modernes* puis en volume.

Il n'a donné de son adhésion au R.D.R. que des raisons objectives : mais pourquoi avait-il éprouvé le besoin d'entrer dans un mouvement (du moins en principe) militant ? Il l'a indiqué quelques années plus tard dans des notes inédites :

« *Mon idée profonde à l'époque : on ne peut rien faire que témoigner d'un mode de vie qui est condamné à disparaître mais qui renaîtra ; et peut-être les meilleures œuvres témoigneront-elles à l'avenir de ce mode de vie et permettront-elles de le sauver. Donc, osciller entre la prise de position idéologique et l'action. Mais si je préconise une position idéologique, aussitôt des gens me poussent à l'action : Qu'est-ce que la littérature ? me conduit au R.D.R.* »

Il consentit à ce passage parce qu'il avait avec lui-même un rapport nouveau, né des haines qu'il provoquait : « *Bons effets de la haine. Se sentir haï ; élément de culture.* » D'abord il en avait été scandalisé ; au nom même de l'humanisme bourgeois et de l'idéal démocratique, il était avec les masses : et elles étaient contre lui ! Mais si Dieu n'existe pas, le jugement de l'autre est l'absolu : « *La haine des autres me révèle mon objectivité.* » Alors qu'auparavant il réagissait à la situation dans l'innocence, sans souci de soi, il savait maintenant qu'elle enveloppait sa réalité pour autrui : il lui fallait récupérer cette objectivité, c'est-à-dire la mettre en accord avec ses décisions intérieures. « *A partir de 47, j'ai eu un double principe de référence : je jugeais aussi mes principes à partir de ceux des autres — du marxisme.* » Cela implique qu'il ne pouvait se contenter de se donner subjectivement raison. Il ne supportait pas d'*être* un ennemi des opprimés : il fallait transformer son rapport avec eux en contribuant à modifier la situation intérieure et internationale. Il fallait participer à une action.

« *Supposons que cette contradiction dont je témoigne (à cheval entre bourgeoise et prolétariat) et dont je sais présentement qu'elle est d'époque, au lieu de représenter une liberté, un contenu positif, ne soit que l'expression d'un mode de vie très particulier (l'intellectuel bourgeois socialisant), supposons que l'avenir l'engloutisse ? En somme j'oscille entre cette idée : ma position privilégiée me donne le moyen de faire la synthèse des libertés formelles et des libertés matérielles ; et cette autre idée : ma position contradictoire ne me donne aucune liberté ! Elle me donne la conscience malheureuse, un point c'est tout. Dans le second cas, ce qui disparaît, c'est ma transcendance. Je ne fais que refléter ma situation. Tous mes efforts politiques ont pour sens de trouver le groupement qui donnera un sens à ma transcendance, qui prouvera en existant (R.D.R. Européen) que ma position déchirée était la vraie.*

« *Si j'ai tort cependant, alors ma situation est de celles où la synthèse est impossible. Le dépassement même est faussé. Dans ce cas, renoncer à l'idée optimiste qu'on peut en toute situation être homme. Idée inspirée par la résistance : même sous la torture on pouvait être un homme. Mais le problème n'est pas là : il est en ceci que certaines situations sont parfaitement* vivables *mais insupportablement faussées par les contradictions objectives.*

« *Le R.D.R. pour moi :*

« *(1) Classes moyennes et prolétariat (je ne comprenais pas que le prolétariat non communiste ne choisît pas les bourgeois. Il a une autre structure).*

« *(2) Europe. Ni Amérique ni U.R.S.S. mais l'intermédiaire entre les deux (donc un peu des deux).*

« *(3) Libertés démocratiques et libertés matérielles. Dans le fond, je voulais résoudre le conflit sans dépasser ma situation...* »

Le malaise qui avait poussé Sartre à entrer au R.D.R. l'amena aussi à une révision idéologique. Il travailla pendant deux ans, assidûment, à confronter la dialectique et l'histoire, la morale et la *praxis*, dans l'espoir de parvenir à une synthèse du *faire* et de l'*être* où se maintiendraient des valeurs proprement éthiques.

4. ACCUEIL CRITIQUE.

La réception immédiate des *Mains sales* se caractérise par l'hostilité de la presse communiste ou proche des communistes, et par l'accueil favorable de la presse non communiste.

Commençons par deux exemples de la première.

1. Marguerite Duras, *Sartre et l'humour involontaire* (*à propos des Mains sales*). Il s'agit d'un résumé de la pièce qui ne vaut que par son ton polémique. Nous en reproduisons un bref passage et la conclusion.

Peu après s'amène Hugo comme chaque matin. A son air sombre, son poing dans la poche, son allure d'apprenti gangster, on comprend que cette fois-ci, ça y est. Il est décidé. Mais le chef a une grande habitude de ces petits mecs qui veulent jouer les tueurs. Il lui fait le coup de la douceur. « Je t'aiderai dans la vie... Après ce qui s'est passé hier tu ne peux pas rester, mais jamais je ne t'abandonnerai... Pour le moment, je vais te faire

Action, n° 183, 6 avril 1948 (D.R.).

du café. » Fatalité des fatalités. Le chef a cette petite habitude de faire lui-même son café dans son bureau. Et la veille, ô coïncidence entre toutes malheureuses, la veille encore, Hugo disait à Jessica que c'était justement quand le chef faisait son café qu'il était le plus vivant, que son café avait l'air plus vrai que n'importe quel café, que la cafetière elle-même... Le chef va donc faire son café. Ce faisant, il offre à Hugo un dos aveugle, énorme, obscène. Sa chance. Tirera, tirera pas. Il ne tire pas. Bien sûr, puisque le chef sait. Puisque le chef est allé faire du café exprès.

[...]

Que l'on ne croie pas surtout que j'ai choisi par volonté polémique de relater la pièce comme je viens de faire. Dès les premières répliques de la pièce j'ai été entraînée dans une atmosphère courtelino-shakespearienne qui est proprement irrésistible. J'avoue que certaines scènes m'ont forcée à reprendre mon sérieux. Mais pas pour longtemps.

Il faut avoir vu, par exemple, quelles profondeurs encore inexplorées de l'âme intime des chefs marxistes d'extrême gauche se trouvent illuminées par l'exclamation extatique de Jessica, quand elle croit sentir chez le chef un certain désarroi (c'est quelques heures après qu'on a tenté de le tuer) et que, littéralement excitée par cette découverte, elle s'écrie qu'*il lui arrive donc, à lui aussi, de se sentir seul quelquefois, le soir...* On comprend que ce que Sartre a voulu faire, c'est l'exposition de ce qu'il croit être la vie secrète, conjugale, obscène, avec ces mots d'initiés (comme le mot *récupérable*, dont les militants de fer sartriens se gargarisent), enfin les mœurs inavouables de ce qu'il croit être la vie intime des partis-de-fer. Le travail de Sartre, quelles qu'aient pu être ses intentions, est fait à merveille pour satisfaire dans son public (bourgeois) un appétit de voyeur.

2. Ilya Ehrenbourg. Dans un article du début de l'année 1949, intitulé « Faulkner et Sartre vus par un écrivain soviétique — *Les Mains sales* », Ehrenbourg donne ses impressions après une lecture de la pièce qui paraît assez approximative. Il s'agit pour lui d'un pamphlet anticommuniste.

Les Mains sales sont une œuvre politique. Elle est écrite non pas par un philosophe perplexe ni par un utopiste révolté, c'est un pamphlet anticommuniste et antisoviétique mûrement réfléchi. Nous avons devant nous non pas un franc-tireur, mais un bon soldat qui défile allégrement quelque part entre le « démoniaque » Koestler et le pratique Kravchenko.

Les Lettres françaises, n° 246, 10 février 1949 (D.R.).

Dans cette pièce, tout est incroyable et contraire à la vérité. Selon Sartre, les communistes vivaient dans la clandestinité tout comme ses héros — écrivains des bars littéraires, tueurs de chats et partisans de formes d'amour peu ordinaires. Raskolnikov, Mychkin, Julien Sorel — il n'y a pas chez Sartre d'autres clés à la compréhension des âmes des communistes.

La lutte pour un monde nouveau, c'est dans son esprit un assassinat criminel. Dans sa pièce, les ouvriers sont des « rustres affamés ». Les dirigeants du parti sont des intrigants occupés à s'exterminer mutuellement.

Un communiste se trouve dans un camp de concentration. Ses camarades qui veulent l'éliminer lui envoient du chocolat à la liqueur avec du poison. Quel beau camp de concentration, n'est-ce pas ? Quels beaux communistes ! Et, le plus remarquable, c'est ce chocolat à la liqueur dans « l'Illyrie de 1943 »...

La pièce *Les Mains sales* a été écrite et mise en scène au moment où, en France, le gouvernement réactionnaire entreprenait la croisade contre les communistes, où, par le raid sur Beauregard, il lançait un défi à l'Union soviétique, au moment où il devenait le gouvernement du quarantième Etat de l'Amérique.

Que Sartre ne se réfère pas à son individualisme, à la liberté du choix. Représentez-vous le tableau suivant : les C.R.S. tirent sur les mineurs. Soudain accourt un homme qui tire également, mais en criant : « Je demande que l'on distingue mes balles ! Les C.R.S. tirent parce qu'on le leur a ordonné et moi je tire parce que je le veux — je suis à la recherche de la liberté ! »

Je pense que de tels discours n'ébranleraient personne : les balles seraient considérées comme un argument décisif.

Le fait que Sartre ait écrit *Les Mains sales* au moment de la chasse aux communistes, au moment de la campagne antisoviétique acharnée qui n'est rien d'autre que la préparation de la guerre, ce fait signifie qu'il a lié son sort au sort de M. Jules Moch, au sort de M. Dulles, de M. Churchill et des autres inspirateurs de la « croisade ». Même s'il essaye de renier ses partenaires dans la calomnie, personne ne le croira : « le Maure a fait son œuvre ».

Et il conclut :

Je conseillerai seulement à M. Sartre de changer le titre de la pièce, *Les Mains sales*, car il vaudrait peut-être mieux, en France, ne pas soulever la

question de la propreté des mains : les spectateurs seraient tentés de se demander : « Et comment donc sont les mains de l'auteur ? »

**Dans l'autre camp les critiques sont en général lau-
datives. En voici deux exemples :**
**3. Thierry Maulnier, dans un article intitulé : « Avec
Les Mains sales, Jean-Paul Sartre ouvre un débat
de conscience interdit aux communistes », souligne
d'abord le côté « théâtre à effets » de la pièce.**

[...] Certes, il est permis de préférer une forme
théâtrale moins directement brutale, une forme
d'expression où la distance tragique soit maintenue entre les acteurs et les spectateurs, où nous
ne soyons pas ainsi pris à bras-le-corps par la tension et la violence des situations. Il y a du mélodrame dans _Les Mains sales_, si l'on entend par
mélodrame cette forme d'art dramatique qui agit
directement sur les nerfs du spectateur, qui fait
que devant l'homme au revolver on se demande
avec une sorte d'angoisse toute physique : « Va-
t-il tirer ? » Mais, après tout, c'est le droit de
M. Jean-Paul Sartre de penser que notre temps
ne se prête pas à des formes de contemplation
plus nobles, plus sereines. L'art dramatique peut-il
s'élever au-dessus de l'horreur d'une époque
comme la nôtre, faire rayonner d'elle et sur elle la
beauté du langage ? N'est-il pas condamné, s'il
veut l'exprimer, à l'épouser pleinement, à descendre aux enfers ? Une sorte de Grand-Guignol
philosophique, un théâtre de la terreur, les jeux de
la torture et de la conscience, sont peut-être la
forme de tragédie que nous méritons.

**Il poursuit en notant que montrer le
« déchirement » entre « l'action » et « les prin-**

Le Figaro littéraire
n° 103, 10 avril 1948
(D.R.).

cipes » constitue en soi une prise de position anti-communiste.

Il est à peine besoin de dire que M. Jean-Paul Sartre n'a pas voulu écrire une pièce « à thèse ». Entre le parti, qui mène selon l'opportunité avec une souplesse infinie dans les moyens, une rectitude implacable dans la marche vers le but, sa politique révolutionnaire ; Hoederer, le politique réaliste qui sait qu'on n'agit pas sans « se salir les mains », mais qui agit trop tôt et est déclaré traître pour avoir proposé en 1943 la politique que ses exécuteurs feront en 1945 ; et enfin Hugo, l'idéaliste qui voudrait subordonner l'action aux « principes » et sauver la pureté des principes en toute circonstance, l'auteur nous laisse le droit de choisir. Bien plus, il ne croit pas qu'il y ait une solution « harmonieuse » au problème, et il sait qu'entre la fin et les moyens, entre le respect de la vie et les exigences de la politique, entre l'action et les principes qui la justifient, et qu'elle corrompt, la conscience reste éternellement déchirée.

Mais, du fait même qu'il projette la lumière de son drame sur ce déchirement, il a déjà pris parti : car cette lumière ne saurait être, pour un bon communiste, que « contre-révolutionnaire ». Elle suppose, en effet, que la conscience individuelle, juge des actes individuels, pose un ordre de valeurs irréductible aux nécessités de la création révolutionnaire, aux exigences de la pure historicité.

Au regard du bon communiste, le problème sans solution posé par *Les Mains sales* est un faux problème, ou plutôt il n'y a pas de problème.

4. Roger Kemp a des remarques perspicaces sur le « fanatisme » de Hugo et sa « dévotion » au Parti.

Jamais M. Sartre n'a passé pour un homme de droite, et ce n'est pas la banquette de Maurras qu'il occupe au café de Flore. Je me demande s'il n'y eut pas de sa part une espèce de coquetterie à placer son jeune fanatique — en grande partie *Les Mains sales* sont une protestation horrifiée contre le fanatisme — dans le parti même qui lui inspirait de la complaisance. *Les Mains sales* pourraient pivoter de 180°, la droite devenant la gauche et réciproquement, sans que ce qui, à mes yeux, en fait l'intérêt puissant, — l'étude d'âmes — y perdît grand-chose...

Le Monde, nº 1005, 20 avril 1948 (D.R.).

[...]

Dans l'adhésion intellectuelle qu'il donne aux doctrines, à lui communiquées par un certain Louis, dont nous entendons passer le nom, il y a — naturellement — une part émotionnelle. Hugo a voulu croire. Il a récité le catéchisme. Il croit. Et, pour mieux démontrer que sa foi est pure, il est prêt à tous les sacrifices. On parle d'un meurtre ? Le voici.

L'inhibition totale de Hugo par la doctrine, à laquelle il s'accroche avec une ardeur farouche parce que l'affection des hommes de la doctrine lui est liardée, est marquée par M. Sartre avec une vigueur admirable. On entend Hugo comparer les démonstrations du marxisme à celles de la géométrie. Il y croit, comme il croit que les trois angles d'un triangle valent deux droits, ce qui est déjà, dans l'ordre des figures abstraites, une imprudence, puisque en géométries non euclidiennes les angles d'un triangle ne valent plus deux droits... Mais dans l'ordre politique c'est de la frivolité, à conséquences tragiques. Hugo a renoncé à toute critique. Sa dévotion à l'idée remonte jusqu'au maître qui la lui a révélée, et il proclame le mystérieux Louis infaillible. Louis, à son tour, croit sans doute à d'autres infaillibles. Cette cascade d'infaillibilités me comble d'épouvante...

III. ÉCLAIRAGE THÉORIQUE

1. « PRÉSENTATION DES *TEMPS MODERNES* ».

Les deux textes qui suivent soulignent l'indissoluble complémentarité des notions de situation et de liberté, et bien qu'ils insistent davantage sur le fait qu'il n'existe pas de situation sans liberté, l'implication inverse est constamment présente. Nous retrouvons là un thème important des *Mains sales* : pour changer une situation il faut l'assumer (et réciproquement).

Le premier est un extrait de la « Présentation des *Temps modernes* » (n° 1, octobre 1945) reprise dans *Situations II*.

[...] Ce secteur d'imprévisibilité qui se découpe ainsi dans le champ social, c'est ce que nous nommons la liberté et la personne n'est rien d'autre que sa liberté. Cette liberté, il ne faut pas l'envisager comme un pouvoir métaphysique de la « nature » humaine et ce n'est pas non plus la licence de faire ce qu'on veut, ni je ne sais quel refuge intérieur qui nous resterait jusque dans les chaînes. On ne fait pas ce qu'on veut et cependant on est responsable de ce qu'on est : voilà le fait ; l'homme qui s'explique simultanément par tant de causes est pourtant seul à porter le poids de soi-même. En ce sens, la liberté pourrait passer pour une malédiction, elle *est* une malédiction. Mais c'est aussi l'unique source de la grandeur humaine. Sur le fait, les marxistes seront d'accord avec nous en esprit, sinon dans la lettre, car ils ne se privent pas, que je sache, de porter des

Situations II, Paris, Gallimard, 1948, p.26-28.

« HOEDERER : ... Je n'ai pas d'objection de principe contre l'assassinat politique. Ça se pratique dans tous les partis. »
Enlèvement d'Aldo Moro. L'un des cinq gardes du corps abattus. Ph. © Keystone.

Photos extraites du film de Losey : *L'assassinat de Trotsky.* Ph. © B.F.I., Londres.

condamnations morales. Reste à l'expliquer : mais c'est l'affaire des philosophes, non la nôtre. Nous ferons seulement remarquer que si la société fait la personne, la personne, par un retournement analogue à celui qu'Auguste Comte nommait le passage à la subjectivité, fait la société. Sans son avenir, une société n'est qu'un amas de matériel, mais son avenir n'est rien que le projet de soi-même que font, par-delà l'état de choses présent, les millions d'hommes qui la composent. L'homme n'est qu'une situation : un ouvrier n'est pas *libre* de penser ou de sentir comme un bourgeois ; mais pour que cette situation *soit un homme*, tout un homme, il faut qu'elle soit vécue et dépassée vers un but particulier. En elle-même, elle reste indifférente tant qu'une liberté humaine ne la charge pas d'un certain sens : elle n'est ni tolérable, ni insupportable tant qu'une liberté ne s'y résigne pas, ne se rebelle pas contre elle, c'est-à-dire tant qu'un homme ne se choisit pas en elle, en choisissant sa signification. Et c'est alors seulement, à l'intérieur de ce choix libre, qu'elle se fait déterminante parce qu'elle est sur-déterminée. Non, un ouvrier ne peut pas vivre en bourgeois ; il faut, dans l'organisation sociale d'aujourd'hui, qu'il subisse jusqu'au bout sa condition de salarié ; aucune évasion n'est possible, il n'y a pas de recours contre cela. Mais un homme n'existe pas à la manière de l'arbre ou du caillou : il faut qu'il *se fasse* ouvrier. Totalement conditionné par sa classe, son salaire, la nature de son travail, conditionné jusqu'à ses sentiments, jusqu'à ses pensées, c'est lui qui décide du sens de sa condition et de celle de ses camarades, c'est lui qui, librement, donne au prolétariat un avenir d'humiliation sans trêve ou de conquête et de victoire, selon qu'il se choisit résigné ou révolutionnaire. Et c'est de ce choix qu'il est responsable. Non point libre de ne pas choisir : il est engagé, il faut parier, l'abstention est un choix. Mais libre pour choisir d'un même mouvement son destin, le destin de tous les hommes et la valeur qu'il faut attribuer à l'humanité. Ainsi se choisit-il à la fois ouvrier et homme, tout en conférant une signification au prolétariat. Tel est l'homme que nous concevons : homme total. Totalement engagé et totalement libre. C'est pourtant cet homme libre qu'il faut *délivrer*, en élargissant ses possibilités de choix. En certaines situations, il n'y a place que pour une alternative dont l'un des termes est la mort. Il faut faire en sorte que l'homme puisse, en toute circonstance, choisir la vie.

2. *CAHIERS POUR UNE MORALE.*

Le second passage est emprunté aux *Cahiers pour une morale* publiés en 1983 mais écrits en 1947-1948.

Ce que signifie : « Nous sommes condamnés à être libre. » On ne l'a jamais bien compris. C'est pourtant la base de ma morale. Partons du fait que l'homme est-dans-le-monde. C'est-à-dire *en même temps* une facticité investie et un projet-dépassement. En tant que projet il assume pour la dépasser sa situation. Ici nous nous rapprochons de Hegel et de Marx : *aufheben*, c'est conserver en dépassant. Tout dépassement qui ne conserve pas est une fuite dans l'abstrait. Je ne puis me débarrasser de ma situation de bourgeois, de juif, etc., qu'en l'assumant *pour la changer*. Et inversement je ne puis maintenir en moi certains « états »

Cahier pour une morale, Paris, Gallimard, Bibliothèque de Philosophie, 1983, « Cahier II », p. 447-449.

ou « qualités » qui m'enorgueillissent qu'en les dépassant pour les maintenir, c'est-à-dire non pas en les conservant tels quels (vertus mortes) mais en en faisant de perpétuelles hypothèses neuves vers un futur neuf. Je ne conserve ce que je suis que par le mouvement dans lequel j'invente ce que je vais être, je ne dépasse ce que je suis qu'en le conservant. Perpétuellement j'ai à *me donner* le donné, c'est-à-dire à prendre mes responsabilités vis-à-vis de lui. *Mais* comme je suis une facticité investie, comme je ne puis agir qu'en étant et en me faisant de la nature de ce sur quoi j'agis — comme j'agis par ma surface de passivité — je suis non seulement perpétuellement *exposé* dans le monde mais perpétuellement modifié *par-derrière*. Ma situation étant, pour un de ses aspects, un investissement par la totalité du monde, elle change comme le monde change, elle est changée par le monde et, dans la mesure où je suis passivité, je suis affecté dans ma facticité même par l'ordre du monde. Par exemple en traversant une zone de contagion je suis *affecté*, c'est-à-dire contaminé. Me voilà tuberculeux par exemple. Ici apparaît la malédiction (et la grandeur). Cette maladie, qui m'infecte, m'affaiblit, me change, limite brusquement mes possibilités et mes horizons. J'étais acteur ou sportif ; avec mes deux pneumos, je ne puis plus l'être. Ainsi *négativement* je suis déchargé de toute responsabilité touchant ces possibilités que le cours du monde vient de m'ôter. C'est ce que le langage populaire nomme *être diminué*. Et ce mot semble recouvrir une image correcte : j'étais un bouquet de possibilités, on ôte quelques fleurs, le bouquet reste dans le vase, diminué, réduit à quelques éléments. Mais en réalité il n'en est rien : cette image est mécanique. La situation nouvelle quoique venue *du dehors* doit être vécue, c'est-à-dire assumée, dans un dépassement. Il est vrai de dire qu'on m'ôte ces possibilités mais il est aussi vrai de dire que j'y renonce ou que je m'y cramponne ou que je ne veux pas voir qu'elles me sont ôtées ou que je me soumets à un régime systématique pour les reconquérir. En un mot ces possibilités sont non pas supprimées mais remplacées par un choix d'attitudes possibles envers la disparition de ces possibilités. Et d'autre part surgissent avec mon état nouveau des possibilités nouvelles : possibilités à l'égard de ma maladie (être un bon ou un mauvais malade), possibilités vis-à-vis de ma condition (gagner tout de même ma vie, etc.), un malade ne possède ni plus ni moins de possibilités, qu'un bien portant ; il a son éventail de possibles comme l'autre et il a à décider sur sa situation, c'est-à-dire à assumer sa condition de malade pour la dépasser (vers la guérison ou vers une vie humaine de malade avec de nouveaux horizons). Autrement dit, la maladie est une *condition* à l'intérieur de laquelle l'homme est de nouveau libre et sans excuses. Il a à prendre la responsabilité de sa maladie. Sa maladie est une excuse pour ne pas réaliser ses possibilités de non-malade mais elle n'en est pas une pour ses possibilités de malade qui sont aussi nombreuses. (Il y a par exemple un *Mitsein* du malade avec son entourage qui réclame autant d'inventivité, de générosité et de tact de la part du malade que sa vie de bien portant.) Reste qu'il n'a pas voulu cette maladie et qu'il doit à présent la *vouloir*. Ce qui n'est pas *de lui* (ουκ εφ υμιν), c'est la brusque suppression des possibilités. Ce qui est *de lui* c'est l'invention immédiate d'un projet nouveau à travers cette brusque suppression. Et comme il faut assumer nécessairement pour changer, le refus romantique de la maladie par le malade est totalement inefficace. Ainsi y a-t-il du vrai dans la morale qui met la grandeur de l'homme dans l'acceptation de l'inévitable et du destin. Mais elle est incomplète car il ne faut l'assumer que pour la changer. Il ne s'agit pas d'adopter sa maladie, de s'y installer mais de la vivre selon les normes pour demeurer homme. Ainsi ma liberté est condamnation parce que je ne suis pas libre d'être ou de n'être pas malade et la maladie me vient du dehors : elle n'est pas de moi, elle ne me concerne pas, elle n'est pas ma faute. Mais comme je suis libre, je suis contraint par ma liberté de la faire mienne, de la faire *mon* horizon, *ma* perspective, ma moralité, etc. Je suis perpétuellement condamné à vouloir ce que je n'ai pas voulu, à ne plus vouloir ce que j'ai voulu, à me reconstruire dans l'unité d'une vie en présence des destructions que m'inflige l'extérieur. La maladie est bien une excuse mais pour les possibilités qu'elle m'a ôtées simplement. Elle m'est une excuse pour ne plus jouer la comédie (si j'étais acteur), mais justement c'est pour des mortes-possibilités, pour des possibilités qui ne sont plus miennes. Mais pour ma vie vivante de malade, elle n'est plus une excuse, elle est seulement condition. Ainsi suis-je sans repos : toujours transformé, miné, laminé, ruiné du dehors et toujours libre, toujours obligé de reprendre à mon compte, de prendre la responsabilité de ce dont je ne suis pas responsable. Totalement déterminé et totalement libre. Obligé d'assumer ce déterminisme pour poser au-delà les buts de ma liberté, de faire de ce déterminisme un engagement de plus.

3. *L'ÊTRE ET LE NÉANT.*

« Un assassin c'est jamais tout à fait un assassin », déclare Hugo dans *Les Mains sales*. Cette non-coïncidence avec soi fait que nous sommes voués au *jeu* (et l'impossibilité d'échapper à la théâtralité est un thème important de la pièce). Sartre analyse cet aspect de la condition humaine dans le chapitre II (« Les conduites de mauvaise foi ») de la première partie de *L'Être et le Néant* dont nous extrayons le passage suivant :

Si l'homme est ce qu'il est, la mauvaise foi est à tout jamais impossible et la franchise cesse d'être son idéal pour devenir son être ; mais l'homme est-il ce qu'il est et, d'une manière générale, comment peut-on *être* ce qu'on est, lorsqu'on est comme conscience d'être ? Si la franchise ou sincérité est une valeur universelle, il va de soi que sa maxime « il faut être ce qu'on est » ne sert pas uniquement de principe régulateur pour les jugements et les concepts par lesquels j'exprime ce que je suis. Elle pose non pas simplement un idéal du connaître mais un idéal d'*être*, elle nous propose une adéquation absolue de l'être avec lui-même comme prototype d'être. En ce sens il faut nous *faire être* ce que nous sommes. Mais que *sommes-nous donc* si nous avons l'obligation constante de nous faire être ce que nous sommes, si nous sommes sur le mode d'être du devoir être ce que nous sommes ? Considérons ce garçon de café. Il a le geste vif et appuyé, un peu trop précis, un peu trop rapide, il vient vers les consommateurs d'un pas un peu trop vif, il s'incline avec un peu trop d'empressement, sa voix, ses yeux expriment un intérêt un peu trop plein de sollicitude pour la commande du client,

L'Être et le Néant, Paris, Gallimard, Bibliothèques des idées, 1943, p. 95-97.

207

enfin le voilà qui revient, en essayant d'imiter dans sa démarche la rigueur inflexible d'on ne sait quel automate, tout en portant son plateau avec une sorte de témérité de funambule, en le mettant dans un équilibre perpétuellement instable et perpétuellement rompu, qu'il rétablit perpétuellement d'un mouvement léger du bras et de la main. Toute sa conduite nous semble un jeu. Il s'applique à enchaîner ses mouvements comme s'ils étaient des mécanismes se commandant les uns les autres, sa mimique et sa voix même semblent des mécanismes ; il se donne la prestesse et la rapidité impitoyable des choses. Il joue, il s'amuse. Mais à quoi donc joue-t-il ? Il ne faut pas l'observer longtemps pour s'en rendre compte : il joue *à être* garçon de café. Il n'y a rien là qui puisse nous surprendre : le jeu est une sorte de repérage et d'investigation. L'enfant joue avec son corps pour l'explorer, pour en dresser l'inventaire ; le garçon de café joue avec sa condition pour la *réaliser*. Cette obligation ne diffère pas de celle qui s'impose à tous les commerçants : leur condition est toute de cérémonie, le public réclame d'eux qu'ils la réalisent comme une cérémonie, il y a la danse de l'épicier, du tailleur, du commissaire-priseur, par quoi ils s'efforcent de persuader à leur clientèle qu'ils ne sont rien d'autre qu'un épicier, qu'un commissaire-priseur, qu'un tailleur. Un épicier qui rêve est offensant pour l'acheteur, parce qu'il n'est plus tout à fait un épicier. La politesse exige qu'il se contienne dans sa fonction d'épicier, comme le soldat au garde-à-vous se fait chose-soldat avec un regard direct mais qui ne voit point, qui n'est plus fait pour voir, puisque c'est le règlement et non l'intérêt du moment qui détermine le point qu'il doit fixer (le regard « fixé à dix pas »). Voilà bien des précautions pour emprisonner l'homme dans ce qu'il est. Comme si nous vivions dans la crainte perpétuelle qu'il n'y échappe, qu'il ne déborde et n'élude tout à coup sa condition. Mais c'est que, parallèlement, du dedans le garçon de café ne peut être immédiatement garçon de café, au sens où cet encrier *est* encrier, où le verre est verre. Ce n'est point qu'il ne puisse former des jugements réflexifs ou des concepts sur sa condition. Il sait bien ce qu'elle « signifie » : l'obligation de se lever à cinq heures, de balayer le sol du débit avant l'ouverture des salles, de mettre le percolateur en train, etc. Il connaît les droits qu'elle comporte : le droit au pourboire, les droits syndicaux, etc. Mais tous ces concepts, tous ces jugements renvoient au transcendant. Il s'agit de possibilités abstraites, de droits et de devoirs conférés à un « sujet de droit ». Et c'est précisément ce sujet que *j'ai à être* et que je ne suis point. Ce n'est pas que je ne veuille pas l'être ni qu'il soit un autre. Mais plutôt il n'y a pas de commune mesure entre son être et le mien. Il est une « représentation » pour les autres et pour moi-même, cela signifie que je ne puis l'être qu'*en représentation*. Mais précisément si je me le représente, je ne le suis point, j'en suis séparé, comme l'objet du sujet, séparé *par rien*, mais ce rien m'isole de lui, je ne puis l'être, je ne puis que *jouer à l'être*, c'est-à-dire m'imaginer que je le suis. Et, par là même, je l'affecte de néant. J'ai beau accomplir les fonctions de garçon de café, je ne puis l'être que sur le mode neutralisé, comme l'acteur est Hamlet, en faisant mécaniquement les *gestes typiques* de mon état et en me visant comme garçon de café imaginaire à travers ces gestes pris comme « analogon[1] ». Ce que je tente de réaliser c'est un être-en-soi du garçon de café, comme s'il n'était pas justement en mon pouvoir de conférer leur valeur et leur urgence à mes devoirs d'état, comme s'il n'était pas de mon libre choix de me lever chaque matin à cinq heures ou de rester au lit, quitte à me faire renvoyer. Comme si du fait même que je soutiens ce rôle à l'existence, je ne le transcendais pas de toute part, je ne me constituais pas comme un *au-delà* de ma condition. Pourtant il ne fait pas de doute que je *suis* en un sens garçon de café — sinon ne pourrais-je m'appeler aussi bien diplomate ou journaliste ? Mais si je le suis, ce ne peut être sur le mode de l'être en soi. Je le suis sur le mode *d'être ce que je ne suis pas*. Il ne s'agit pas seulement des conditions sociales, d'ailleurs ; je ne suis jamais aucune de mes attitudes, aucune de mes conduites. Le beau parleur est celui qui *joue* à parler, parce qu'il ne peut *être parlant* : l'élève attentif qui veut *être* attentif, l'œil rivé sur le maître, les oreilles grandes ouvertes, s'épuise à ce point à jouer l'attentif qu'il finit par ne plus rien écouter. Perpétuellement absent à mon corps, à mes actes, je suis en dépit de moi-même cette « divine absence » dont parle Valéry. Je ne puis dire ni que je *suis* ici ni que je n'y *suis* pas, au sens où l'on dit « cette boîte d'allumettes *est* sur la table » : ce serait confondre mon « être-dans-le-monde » avec un « être-au-milieu-du-monde ». Ni que je *suis* debout, ni que je *suis* assis : ce serait confondre mon corps avec la totalité idiosyncrasique dont il n'est qu'une des structures. De toute part j'échappe à l'être et pourtant je suis.

1. Cf. *L'Imaginaire* (N.R.F., 1940). Conclusion.

4. « LE STYLE DRAMATIQUE ».

Les textes qui suivent permettent de mieux cerner la conception que se faisait Sartre du théâtre. Le premier est extrait d'une conférence intitulée « Le style dramatique », reprise dans *Un théâtre de situations*. Elle oppose cinéma et roman, d'un côté, fondés sur la proximité et l'identification ; théâtre de l'autre, fondé sur la distance.

[...] Au théâtre, tout cela est remplacé par une distance absolue : d'abord, je vois de mes yeux et je reste toujours sur le même plan, à la même place, donc il n'y a ni la complicité du roman, ni cette complicité ambiguë du cinéma et le personnage est donc définitivement pour moi l'autre, celui que je ne suis pas et dans la peau duquel je ne peux, par définition, me glisser.

Un théâtre de situations, op. cit., p. 25-29.

Il en résulte, dans une certaine mesure, que l'émotion du théâtre n'est pas de la même qualité ou de la même intensité, assez souvent, que celle du cinéma ; c'est une émotion qui comporte toujours un peu plus de recul car tous les personnages du théâtre sont, par rapport à moi, dehors ; mais d'autre part, celui que je vois n'est pas exactement pour moi l'autre car dans la vie, l'autre n'est pas seulement celui que je regarde, il est aussi celui qui me regarde : quand j'observe, par exemple, dans un lieu public, un couple qui se dispute, si tout d'un coup il fait attention à moi quand je tourne la tête vers lui, je me sens brusquement observé et je rentre dans ma peau, à ce moment, je me rapetisse et je suis brusquement sur le plan de celui qu'on regarde.

Au théâtre, « l'autre » ne me regarde jamais ou si par hasard il me regarde, c'est qu'alors l'acteur, l'imaginaire disparaît, Hamlet ou Volpone disparaît, c'est Barrault ou c'est Dullin qui est en train de me regarder et c'est l'erreur des interpellations au public de faire disparaître le personnage imaginaire pour mettre en présence l'homme réel. Cela peut être amusant au music-hall où il y a un papillotement entre le moment où l'acteur est simplement l'autre et le moment où il interpelle le public en lui demandant de reprendre le refrain, par exemple, mais ce papillotement est exclu au théâtre, de sorte que le spectateur est mis hors jeu. Il peut regarder mais il ne sera jamais regardé et on peut considérer que les trois coups qui sont frappés après cette espèce de cérémonie initiale qu'est la prise de places dans la salle représentent une cérémonie magique d'anéantissement : le spectateur perd son moi, s'il s'en souvient au cours du spectacle, c'est qu'il y a des longueurs ; par exemple, les acteurs peuvent proposer une coupure parce que les strapontins du théâtre où l'on joue ont un peu trop crié à un moment donné : cela signifie que le spectateur se souvient qu'il a des jambes et qu'il est mal à l'aise.

Normalement, le spectateur doit être regard pur au moment où la pièce commence et, en même temps, il mesure son impuissance. Dans beaucoup de pièces représentées dans les théâtres populaires, on entend les spectateurs crier « ne bois pas », lorsqu'il s'agit de boire un poison, ou « dépêche-toi » s'il s'agit de sauver l'héroïne, mais le spectateur crie avec un sentiment d'impuissance car il sait très bien qu'il ne se passera rien et ceci est au fond à l'origine de la nécessité de distance. Cette nécessité, absolument indispensable dans le théâtre, n'est nullement exclusive de la liberté du héros : elle ne signifie pas, comme on l'a cru, qu'il est la proie d'une fatalité ou qu'il est l'objet d'un déterminisme, mais simplement que, quoi qu'il arrive, l'événement, même si je puis un peu le prévoir, ne pourra en aucune façon être arrêté par moi ; si je criais, j'arrêterais l'acteur mais non pas Hamlet et c'est ce sentiment de nécessité — qui est la projection de l'impuissance du spectateur — qui est à l'origine du tragique et du comique, et il faut le considérer comme analogue à l'impuissance de l'homme qui rêve et qui sait qu'il ne peut rien faire.

Cette impuissance est d'ailleurs manifestée assez bien par le chœur antique qui commente, qui objurgue, mais dont on ne tient absolument pas compte. Le résultat de cette première distance est que les décors restent conceptuels. Ce qui individualisait le décor dans le roman, c'était la relation du personnage que j'avais adopté, dans lequel je m'étais incarné, à l'arbre ou à la table qu'il était en train de regarder. Ce qui individualise dans la vie réelle l'objet, c'est que je me place avec mes souvenirs, dans ma situation, en face de cet objet, que je le touche et que j'agis sur lui. De même au cinéma, pour me faire regarder les branches du tilleul au moment précis où il faut que je les regarde et comme je dois les regarder, par conséquent, je suis porté là encore vers l'individualité [...].

Ainsi l'origine même, le sens même du théâtre me paraît être de présenter le monde humain avec une distance absolue, une distance infranchissable, la distance qui me sépare de la scène ; et l'acteur est à une distance telle qu'à la fois je puis le voir mais je ne pourrai jamais ni le toucher ni agir sur lui.

Si c'est bien là un des principes du théâtre, il me semble que cette distance ne doit pas être sous-estimée ; nous ne devons pas chercher à la réduire si nous faisons du théâtre, soit comme auteur, acteur ou metteur en scène : il faut en prendre son parti et la présenter dans sa pureté, en jouer même. Par exemple, il me semble que la mise en scène de Gémier qui tendait à réduire la distance entre les personnages et les spectateurs en faisant passer les personnages entre les rangs d'orchestre comme dans *La Mégère apprivoisée* représente une erreur dramatique : dans la mesure où l'on voit passer un personnage entre les rangs d'orchestre, nous avons affaire à l'acteur.

Le spectacle — il faut s'y résigner — doit se faire sur la scène et il est à remarquer que c'est ce qui explique ce désir de distance que nous trouvons chez le spectateur lui-même, c'est là ce qui explique le plaisir qu'on a toujours eu à avoir un théâtre dans le théâtre, un théâtre sur la scène comme dans la comédie italienne où très fréquemment une comédie se jouait au fond de la scène et les personnages étaient censés y assister, parce que cela devenait une distance au second degré, particulièrement flatteuse pour celui qui regardait ; c'est alors du théâtre pur, à la seconde puissance.

5. « MYTHE ET RÉALITÉ AU THÉÂTRE ».

Le second provient aussi d'une conférence reprise dans *Un théâtre de situations*. A travers une comparaison entre Genet, Artaud et Brecht, Sartre oppose un théâtre de l'imaginaire (ou de l'irréel) à un théâtre du réel.

Artaud nous dit : « Je considère le théâtre comme un acte. » Et, effectivement, si nous nous plaçons

Un théâtre de situations, op. cit., p. 175-178.

du point de vue de l'auteur et du metteur en scène, le théâtre, la représentation théâtrale, est un acte, un acte réel : c'est un travail d'écrire une pièce, c'est un travail de la monter et le but de ce travail est d'exercer sur le public une action réelle. En mettant les choses au plus bas et en prenant le théâtre de consommation, l'action consiste à faire venir le plus de gens possible, donc à produire dans le circuit économique réel un déplacement de fonds au profit du théâtre. En mettant les choses au plus haut, on vise à déterminer chez le spectateur, au moins durant le temps de la représentation, ne serait-ce que le scandale, une certaine mutation mentale. Mais il est vrai aussi que, si l'on se place du point de vue du spectateur, la pièce est un imaginaire. C'est-à-dire que, sans même excepter les pièces historiques, le spectateur ne perd jamais de vue que ce qui lui est présenté est un non-réel. Cette femme n'existe pas, cet homme, son mari, n'est son mari qu'en apparence ; il ne la tue pas pour de vrai. Ça signifie que le spectateur ne croit pas — au sens fort du terme — ne croit pas au meurtre de Polonius. Sinon il s'enfuirait ou il bondirait sur la scène. Cependant, il y croit malgré tout, puisqu'il s'émeut, pleure et s'agite sur sa chaise. Mais sa croyance elle-même est imaginaire. C'est-à-dire que ce n'est pas une persuasion profonde et vitale, mais c'est une autosuggestion qui conserve la certitude informulée d'être une autosuggestion.

Le résultat, c'est que les sentiments qui résultent de la participation à l'imaginaire, à la représentation de l'imaginaire sur la scène, sont eux-mêmes des sentiments imaginaires : ils sont ressentis à fois comme définis mais non réels — d'où la possibilité de se réjouir de sa peur en allant au spectacle dit « d'épouvante » —, et ils ne sont pas nécessairement représentatifs de l'affectivité réelle du spectateur. Mise à la scène, on sait que *La Case de l'Oncle Tom*, au milieu du siècle dernier, a fait pleurer des esclavagistes qui se sont attendris le temps de la représentation et ont conservé leurs mœurs, leurs coutumes et leurs propres idées sur les Noirs après le spectacle.

Cette nouvelle contradiction entre l'acte et le geste, entre l'action réelle et l'envoûtement imaginaire amène les auteurs modernes et ceux que l'on groupe sous le nom de nouveau théâtre à prendre diverses positions. Ainsi Genet ne considère pas comme un défaut que sa pièce soit un imaginaire mais au contraire comme une qualité. Ce qu'il écrit de sa pièce *Le Balcon* vaut pour toutes ses autres pièces. Il écrit : « Ne pas jouer cette pièce comme si elle était une satire de ceci ou de cela. Elle est la glorification de l'image et du reflet. Sa signification satirique ou non apparaîtra seulement dans ce cas. » Cette position radicale correspond au projet fondamental de Genet — l'homme. Pour lui, l'écrivain maudit et le voleur, condamné au départ par la société, l'irréel et le mal ne font qu'un. Ennemi des honnêtes gens qui l'ont condamné dès l'enfance à n'être qu'imaginaire, il se venge dans ses pièces en leur proposant des mirages qui les font tomber la tête la première dans l'enfer des reflets de l'imagination qu'il a préparé pour eux. Bref, son propos réel, comme auteur, est de forcer le juste à devenir pour quelques heures un méchant imaginaire, ce qui le comble doublement. Premièrement parce qu'il oblige l'homme pratique, qui est dans la salle, à s'irréaliser, à filer dans l'imaginaire comme lui-même y est tombé. Et deuxièmement il oblige le juste à s'imaginer des gens, par identification à ses personnages, et à se reprocher à la fin de la pièce sa complaisance au mal. Car c'est de cela qu'il s'agit : l'imaginaire chez Genet, c'est la complaisance au mal réalisée chez le public : envoûter le juste par le mal, le laisser toujours avec sa bonne conscience mais avec une inquiétude profonde dont il ne sait pas la réponse.

Brecht, lui, se contente aussi de l'imaginaire. Mais c'est pour des raisons tout à fait opposées. C'est qu'il veut montrer, c'est-à-dire démontrer, faire saisir, la dialectique intérieure d'un processus. Tout sentiment vrai chez le spectateur, l'horreur, par exemple, la peur, nuirait à l'information. Il faut que le spectateur soit pris par l'action, juste assez pour qu'il aperçoive les ressorts de l'action. *La Bonne Âme de Se-Tchouan*, par exemple, n'est certes pas une démonstration, mais une fable ravissante qui ne fait ni peur, ni ne provoque aucun sentiment violent, ni la sexualité, ni la libido, ni rien, et qui permet par conséquent, à travers l'amusement perpétuel, à la raison du spectateur — car c'est à elle qu'il s'adresse — de saisir l'impossibilité de faire le bien dans une société fondée sur l'exploitation. Ainsi l'imagination, pour Brecht, n'est que la médiation entre la raison et son objet. C'est pour cela qu'il n'hésite pas à la dénoncer sans cesse sur scène comme pure irréalité. Il y a des procédés scéniques, il y a des cadavres qui seront les mannequins et que l'on verra comme des mannequins, pour que précisément nous ne soyons pas poussés à l'horreur, à la ressemblance d'un comédien vivant, mais étendu par terre, avec un cadavre ; il y a des masques pour certains personnages et d'autres non, il y a des chants à l'avant-scène qui signifient la subjectivité du personnage ; il y a un refus constant de l'émotion, une brisure, une cassure dans leur désordre même. Ici, la différence entre Genet et Brecht, c'est que Genet fait de l'imaginaire une fin en soi.

C'est le sens du théâtre ; le théâtre a pour valeur essentielle de représenter quelque chose qui n'existe pas. Brecht en fait un moyen. Mais de toute façon, on veut le sentiment irréel des deux côtés. Dans un cas on veut le sentiment irréel parce que c'est à cela que l'on tient, c'est le cas de Genet ; dans l'autre cas, pour Brecht, on irréa- lise les sentiments pour que la passion ne l'emporte pas sur une conviction raisonnable. Par contre, et c'est l'autre côté de la contradiction, Artaud, comme nous venons de le voir (qui fut compagnon de route des surréalistes) ne se contente pas de ces résultats : il les considère comme mesquins. Il réclame que la représenta- tion soit un acte. Et il entend l'acte au plein sens du terme : il ne s'agit pas de ce travail qui consiste à produire un objet irréel. Le but du théâtre est directement de provoquer une lame de fond réelle dans l'âme de chaque spectateur.

Distance et irréalité — qui sont d'ailleurs liées — constituent pour Sartre les deux caractéristiques majeures du spectacle théâtral.

IV. FICTIONS

1. *BARIONA OU LE FILS DU TONNERRE.*

Hoederer expose aux autres leur pensée. De même, selon Sartre, le dramaturge entretient les spectateurs de leurs problèmes. Cela est particulièrement net dans sa première pièce, *Bariona ou le Fils du tonnerre,* **écrite durant sa captivité en Allemagne et qui parle aux prisonniers « de leur condition de prisonnier ». Dans la Palestine occupée par les Romains, Bariona considère que le désespoir est la seule forme de résistance possible. Il paiera l'impôt, mais son peuple ne fera plus d'enfants. Il s'avère que sa femme est enceinte et que le Christ vient de naître. Il refuse d'aller le voir.**

BARIONA : Eh bien : allez et adorez-le. Qui vous empêche et qu'y a-t-il de vous à moi ?

BALTHAZAR : Quel est ton nom ?

BARIONA : Bariona. Et puis après ?

BALTHAZAR : Tu souffres, Bariona.

Bariona hausse les épaules.

Tu souffres et pourtant ton devoir est d'espérer. Ton devoir d'homme. C'est pour toi que le Christ est descendu sur la terre. Pour toi plus que pour tout autre, car tu souffres plus que tout autre. L'Ange n'espère point car il jouit de sa joie et Dieu lui a, d'avance, tout donné et le caillou n'espère pas non plus, car il vit stupidement dans un présent perpétuel. Mais lorsque Dieu a façonné la nature de l'homme, il a fondé ensemble l'espoir et le souci. Car l'homme, vois-tu, est toujours beau-

Bariona ou le Fils du tonnerre, in *Les Écrits de Sartre, op. cit.,* p. 604-605, T. IV.

coup plus que ce qu'il est. Tu vois cet homme-ci, tout alourdi par sa chair, enraciné sur la place par ses deux grands pieds et tu dis, étendant la main pour le toucher : il est là. Et cela n'est pas vrai : où que soit un homme, Bariona, il est toujours ailleurs. Ailleurs, par-delà les cimes violettes que tu vois d'ici, à Jérusalem ; à Rome, par-delà cette journée glacée, demain. Et tous ceux-ci qui t'entourent, il y a beau temps qu'ils ne sont plus ici : ils sont à Bethléem dans une étable, autour du petit corps chaud d'un enfant. Et tout cet avenir dont l'homme est pétri, toutes les cimes, tous les horizons violets, toutes ces villes merveilleuses qu'il hante sans jamais y avoir mis les pieds, c'est Espoir. C'est l'Espoir. Regarde les prisonniers qui sont devant toi, qui vivent dans la boue et le froid. Sais-tu ce que tu verrais si tu pouvais suivre leur âme ? Les collines et les doux méandres d'un fleuve et des vignes et le soleil du Sud, leurs vignes et leur soleil. C'est là-bas qu'ils sont. Et les vignes dorées de septembre, pour un prisonnier transi et couvert de vermine, c'est l'Espoir. L'Espoir et le meilleur d'eux-mêmes. Et toi, tu veux les priver de leurs vignes et de leurs champs et de l'éclat des lointaines collines, tu veux ne leur laisser que la boue et les poux et les rutabagas, tu veux leur donner le présent effaré de la bête. Car c'est là ton désespoir : ruminer l'instant qui passe, regarder entre tes pieds d'un œil rancuneux et stupide, arracher ton âge de l'avenir et le renfermer en cercle autour du présent. Alors tu ne seras plus un homme, Bariona, tu ne seras plus qu'une pierre dure et noire sur la route. Sur la route passent les caravanes, mais la pierre reste seule et figée comme une borne dans son ressentiment.

BARIONA : Tu radotes, vieillard.

« HUGO, *saoul* : ... Allumer la mèche. Après, tout le monde saute et moi avec : plus besoin d'alibi, le silence, la nuit. »
Extrait du film de Fernand Rivers : *Les Mains sales*. Ph. © B.F.I., Londres.

Représentation des *Mains sales* avec François Périer. Ph. © U.P.I.-A.F.P.

2. L'ÂGE DE RAISON.

Comme Hugo devant Hoederer, Mathieu souffre de son irréalité face à la réalité de Brunet, militant du Parti communiste.

Mathieu sourit tristement : il pensait à l'Espagne.

— Tu as suivi ton chemin, dit Brunet. Tu es fils de bourgeois, tu ne pouvais pas venir à nous comme ça, il a fallu que tu te libères. A présent c'est fait, tu es libre. Mais à quoi ça sert-il, la liberté, si ce n'est pas pour s'engager ? Tu as mis trente-cinq ans à te nettoyer et le résultat c'est du vide. Tu es un drôle de corps, tu sais, poursuivit-il avec un sourire amical. Tu vis en l'air, tu as tranché tes attaches bourgeoises, tu n'as aucun lien avec le prolétariat, tu flottes, tu es un abstrait, un absent. Ça ne doit pas être drôle tous les jours.

— Non, dit Mathieu, ce n'est pas drôle tous les jours.

Il s'approcha de Brunet et le secoua par les épaules : il l'aimait très fort.

— Sacré vieux racoleur, lui dit-il, sacrée putain. Ça me fait plaisir que tu me dises tout ça.

Brunet lui sourit distraitement : il suivait son idée. Il dit :

— Tu as renoncé à tout pour être libre. Fais un pas de plus, renonce à ta liberté elle-même : et tout te sera rendu.

— Tu parles comme un curé, dit Mathieu en riant. Non mais, sérieusement, mon vieux, ça ne serait pas un sacrifice, tu sais. Je sais bien que je retrouverais tout, de la chair, du sang, de vraies passions. Tu sais, Brunet, j'ai fini par perdre le sens de la réalité : rien ne me paraît plus tout à fait vrai.

L'Âge de raison, Paris, Gallimard, coll. Folio, 1972, p. 146-148.

Brunet ne répondit pas : il méditait. Il avait un lourd visage couleur de brique, aux traits tombants avec des cils roux très pâles et très longs. Il ressemblait à un Prussien. Mathieu, chaque fois qu'il le voyait, avait une sorte de curiosité inquiète dans les narines, il reniflait doucement et s'attendait à respirer tout à coup une forte odeur animale. Mais Brunet n'avait pas d'odeur.

— Toi tu es bien réel, dit Mathieu. Tout ce que tu touches a l'air réel. Depuis que tu es dans ma chambre, elle me paraît vraie et elle me dégoûte.

Il ajouta brusquement :

— Tu es un homme.

— Un homme ? demanda Brunet, surpris ; le contraire serait inquiétant. Qu'est-ce que tu veux dire ?

— Rien d'autre que ce que je dis : tu as choisi d'être un homme.

Un homme aux muscles puissants et peu noués, qui pensait par courtes vérités sévères, un homme droit, fermé, sûr de soi, terrestre, réfractaire aux tentations angéliques de l'art, de la psychologie, de la politique, tout un homme, rien qu'un homme. Et Mathieu était là, en face de lui, indécis, mal vieilli, mal cuit, assiégé par tous les vertiges de l'inhumain ; il pensa : « Moi, je n'ai pas l'air d'un homme. » [...]

Mathieu ne répondit pas, il alla s'accouder au balcon, il pensait : « Il a bien dit ça. » Brunet avait raison : sa vie était un destin. Son âge, sa classe, son temps, il avait tout repris, tout assumé, il avait choisi la canne plombée qui le frapperait à la tempe, la grenade allemande qui l'éventrerait. Il s'était engagé, il avait renoncé à sa liberté, ce n'était plus qu'un soldat. Et on lui avait tout rendu, même sa liberté. « Il est plus libre que moi : il est d'accord avec lui-même et d'accord avec le Parti. » Il était là, bien réel, avec un vrai goût de tabac dans la bouche, les couleurs et les formes dont il s'emplissait les yeux étaient plus vraies, plus denses que celles que Mathieu pouvait voir, et cependant, au même instant, il s'étendait à travers toute la terre, souffrant et luttant avec les prolétaires de tous les pays. « En cet instant, en ce même instant, il y a des types qui se fusillent à bout portant dans la banlieue de Madrid, il y a des juifs autrichiens qui agonisent dans les camps de concentration, il y a des Chinois dans les décombres de Nankin, et moi, je suis là, tout frais, je me sens libre, dans un quart d'heure je prendrai mon chapeau et j'irai me promener au Luxembourg. » Il se tourna vers Brunet et le regarda avec amertume : « Je suis un irresponsable », pensa-t-il.

— Ils ont bombardé Valence, dit-il, tout à coup.

3. *L'ENGRENAGE.*

Nous avons noté que *Les Mains sales* avaient été le premier titre du scénario *L'Engrenage.* Bien qu'une note liminaire écarte tout rapport avec la pièce, l'expression revient plusieurs fois dans le scénario. Face à Lucien qui refuse dans tous les cas la violence, Jean, qui accepte de se « salir les mains », c'est-à-dire accepte la violence *nécessairement liée* à l'exercice du pouvoir et à la mise en œuvre d'une politique « révolutionnaire ».

—Lucien, le moment est venu de changer de politique. Les salaires sont misérables. Les paysans s'endettent pour tenir. Les villes sont mal nourries. Nous sommes dans une situation révolutionnaire.

L'Engrenage, Paris, Nagel, 1948, p. 113-117.

Dans cinq ans, dans dix ans, l'occasion viendra. Ce n'est plus contre Schoelcher qu'il faudra agir alors, mais contre notre propre gouvernement.

— Alors ? demande Lucien.

Il tapote ses souliers avec une badine. Il a l'air absorbé et soucieux comme s'il savait et redoutait ce qui va venir.

Jean s'excite et s'anime en parlant. Hélène, qui a oublié ses bravades de tout à l'heure, l'écoute, sans le lâcher des yeux :

— Alors, il faut changer de tactique, dit Jean. Plus de grèves. Plus de troubles à l'usine. Mais un Comité central, qui organise un Parti révolutionnaire clandestin avec des ramifications dans toutes les usines. Nous préparons une machine, comprends-tu ? une machine formidable, qui puisse, le jour venu, faire à la fois la grève générale et la Révolution par les armes. Benga et Torlitz doivent venir après-demain pour en parler. Dans une quinzaine, je pourrai redescendre en ville et je commencerai le travail. D'accord ?

Lucien continue à fouetter ses souliers sans répondre. Jean a l'air surpris. Il répète :

— D'accord ?

Silence de Lucien.

— Qu'est-ce qui ne va pas ? demande Jean.

Lucien relève la tête. Il a l'air désolé et parle avec hésitation :

— Jean, je... Je ne peux pas marcher avec vous.

— Mais pourquoi, petit frère ?

— Tu sais ce que donnera ton projet ? dit Lucien. Des milliers de morts de part et d'autre. Je... je ne pourrai pas supporter l'idée que je suis responsable de ces morts. Je... j'ai horreur de la violence, Jean.

— Mais tu étais d'accord pour les grèves.

— Les grèves, c'était de la résistance passive. Il n'y a jamais eu de morts. Et puis, j'étais contre l'occupation des usines.

Jean désigne la ville et les usines qu'on voit dans le lointain.

— Regarde, Lucien. Là-bas, il y a des milliers d'ouvriers réduits à la misère. Est-ce qu'ils ne sont pas victimes de la violence, eux aussi ? Et si tu ne luttes pas contre elle, est-ce que tu n'es pas complice ?

— Je veux lutter contre elle, mais à ma manière. Je ne suis pas un homme d'action, moi, j'écris. Je veux la dénoncer avec ma plume.

Jean ricane avec un peu d'agacement.

— Tu ne veux pas te mouiller, quoi !

Lucien le regarde avec tristesse sans répondre. Jean, en désespoir de cause, s'adresse à Hélène :

— Mais, dites-le-lui, vous ! Est-ce que vous ne trouvez pas qu'il a tort ?

Hélène les regarde tous les deux, elle va parler, puis elle se tait. Elle regarde encore Jean, puis se tourne vers Lucien, d'un air hésitant. Pour finir, elle baisse la tête, et dit à voix basse et comme pour elle-même :

— Je ne sais pas.

Jean se lève brusquement, avec colère :

— Vous êtes des imbéciles !

Il s'éloigne. Hélène regarde Lucien avec tendresse. Celui-ci se met à lui parler, comme s'il voulait convaincre Jean :

— C'est vrai. Je voudrais tant rester propre. Est-ce qu'on ne pourrait pas les défendre sans se salir ? Est-ce qu'il faut verser le sang ? Je voudrais... Je voudrais faire ce qui est juste.

— Mais qu'est-ce qui est juste ? dit Hélène.

Elle met un bras autour des épaules de Lucien :

— Tu es si fragile.

Jean revient vers eux. Il est calmé et confus de son accès de colère. Il se rassied à sa place, et sourit à Lucien qui lui sourit :

— Écoute. Bon, je suis un râleur. Mais je vais te faire une proposition. Dans ces trucs-là, c'est sûr qu'il faut se salir les mains. Tu as raison. Mais il y a une limite. Moi non plus, je n'aime pas la violence. Si je pensais qu'un jour je doive avoir du sang jusqu'au coude...

Il regarde Lucien d'un air presque suppliant et poursuit :

— Viens avec nous, Lucien. Je ne te demande qu'une chose : quand nous voudrons employer des moyens injustes ou sanglants, tu seras là pour nous dire : « Arrêtez-vous. » Il n'y a que toi qui puisses le faire, parce que tu es pur.

Hélène a repris son air ironique, mais elle est émue :

— En somme, dit-elle, il sera votre conscience ?

— Si vous voulez. Tu acceptes, Lucien ?

Lucien regarde Jean d'un air délivré :

— Comme ça, j'accepte !

Jean tend sa main à plat vers Lucien au-dessus des genoux d'Hélène :

— Alors, tope là !

Lucien prend la main de Jean.

— Tope là !

Hélène, fascinée, regarde les deux mains qui sont presque posées sur ses genoux. Celle de Lucien est blanche, mince et frêle. Celle de Jean est épaisse, noueuse et velue jusqu'au poignet, avec de gros doigts forts.

— Donne aussi ta main, Hélène, dit Lucien.

Hélène avance sa main et la pose sur celle de Jean, puis brusquement elle la retire et saisit la main de Lucien et la serre.

V. LECTURES

Nous reproduisons ci-après des extraits de trois interprétations des *Mains sales* diverses dans leur inspiration et leur méthode, comme dans leur date.

1. FRANCIS JEANSON : *SARTRE PAR LUI-MÊME.*

Après un récit commenté de l'action de la pièce, qui insiste sur l'irréalité et la négativité du personnage de Hugo, voué ainsi à l'échec, Francis Jeanson cherche « à situer l'échec de Hugo dans l'univers de Sartre ».

Sartre par lui-même, coll. « Écrivains de toujours », © Éditions du Seuil, 1955, p. 46-48.

A rapprocher ces divers passages, on constate que le souci d'agir, chez Hugo, ne fait qu'un avec le souci de n'être plus en question pour lui-même. Il voudrait pouvoir s'assurer de soi, devenir massif, objectif, tuer en lui ce pouvoir de réflexion qui le ronge, qui ne cesse de contester et de dissoudre ses sentiments et ses projets. Autant dire qu'il est prisonnier d'un cercle, car seule l'action le délivrerait de son mal mais ce mal est précisément ce qui le rend incapable d'agir. Du reste, ce mal est celui de tous les intellectuels : « ... *Qu'il me fasse faire de l'action*, réclamait Hugo. *J'en ai assez d'écrire pendant que les copains se font tuer.* » Et Hoederer : « *Tous les intellectuels rêvent de faire de l'action.* » Ils en rêvent... Et, naturellement, l'action dont ils rêvent c'est d'emblée la plus héroïque : pour pouvoir se prendre au sérieux il leur faut au moins le baptême du sang. Ce n'est pas dans la patience de la *praxis* quotidienne, c'est dans la fulgurante violence d'un acte meurtrier, où ils tuent en risquant leur vie, qu'ils voient la seule possibilité d'un rachat à leurs propres yeux. « *Quelle rage avez-vous tous*, dira Hoederer, *de jouer aux tueurs ?* » Et encore : « *Un intellectuel ça n'est pas un vrai révolutionnaire ; c'est tout juste bon à faire un assassin.* » Ce passage à la limite a un triple sens : 1°) le velléitaire, se connaissant comme tel, se propose toujours — par compensation — des actes extrêmes ; 2°) celui qui souffre d'être irréalisé cherche à ressentir son être au maximum, et nous avons déjà rencontré chez Oreste ce besoin de conquérir sa réalité en se faisant saisir d'un seul coup par le destin le plus lourd ; 3°) celui qui se sent rejeté par les autres imagine les comportements les plus spectaculaires, dans sa hâte de se faire reconnaître par eux. Hugo se sent perdu, pour lui-même et aux yeux d'autrui : « *Vous savez bien que je suis foutu... Je ne suis doué pour rien... »* ; « *Olga, je n'ai pas envie de vivre... Un type qui n'a pas envie de vivre, ça doit pouvoir servir, si on sait l'utiliser... »* ; « *... Jamais ils ne m'accepteront ; ils sont cent mille qui me regardent avec ce sourire. J'ai lutté, je me suis humilié, j'ai tout fait pour qu'ils oublient, je leur ai répété que je les aimais, que je les enviais, que je les admirais. Rien à faire ! Rien à faire ! Je suis un gosse de riche, un intellectuel, un type qui ne travaille pas de ses mains. Eh bien ! qu'ils pensent ce qu'ils veulent. Ils ont raison, c'est une question de peau.* » La seule question pour lui sera dès lors de se sauver : non pas de les rejoindre pour se rejoindre lui-même et coïncider avec soi, mais de coïncider avec soi pour se dissimuler qu'il ne saurait parvenir à les rejoindre. Hugo est désespéré, il part battu, il a d'emblée adopté une attitude d'échec en se condamnant à ne poursuivre en réalité que son salut personnel — une vaine réconciliation dans l'absolu — à travers les fins successives qu'il prétend viser : « *Tu as voulu te prouver,* lui dira Hoederer, *que tu étais capable d'agir et tu as choisi les chemins difficiles : comme quand on veut mériter le ciel ; c'est de ton âge. Tu n'as pas réussi : bon, et après ! Il n'y a rien à prouver, tu sais, la Révolution n'est pas une question de mérite mais d'efficacité ; et il n'y a pas de ciel.* » C'est ce que venait de lui dire Olga : « *Le Parti n'est pas une école du soir. Nous ne cherchons pas à t'éprouver mais à t'employer selon ta compétence.* » « *Nous ne sommes pas des boy-scouts et le Parti n'a pas été créé pour te fournir des occasions d'héroïsme.* »

À l'encontre de cette morale individualiste, où chacun ne se préoccupe que de son salut personnel, de sa valeur propre et de ses mérites, où les autres ne sont là que pour fournir des occasions à l'exercice de vertus solitaires, où l'on ne s'intéresse à eux que pour autant qu'ils vous inquiètent et qu'on se sent contesté par eux, à l'encontre de cette morale de l'intention, de cette morale bourgeoise, de cette morale d'intellectuels et de Narcisse, Hoederer et Olga, communistes tous deux, professent une morale de l'efficacité, une morale des résultats, où c'est la cause qui commande et où l'individu doit sacrifier, au service et dans l'intérêt de la cause, l'orgueilleux souci de se mettre à l'épreuve. Hoederer : « *Il y a du travail à faire, c'est tout. Et il faut faire celui pour lequel on est doué : tant mieux s'il est facile. Le meilleur travail n'est pas celui qui te coûtera le plus ; c'est celui que tu réussiras le mieux.* » Olga : « *Il y a un travail à faire et il faut qu'il soit fait ; peu importe par qui.* »

L'intellectuel est voué à l'échec dans la mesure où, tout entier tourné vers soi, il dresse son propre problème entre lui et les autres hommes, alors même qu'il prétend se préoccuper de leur sort, se consacrer à leur cause. Mais s'il parvient au contraire à dépasser le souci de son salut personnel et le besoin de se mettre en avant, de se faire valoir, de se nourrir de l'existence des autres, comme un parasite, il n'en résulte pas que, du même coup, tous les problèmes tombent. Une cause, si juste soit-elle, ne saurait être définie une fois pour toutes, et les hommes ne cessent de concourir à sa définition par la façon même dont ils choisissent de la servir : leurs choix, bien sûr, ne sont jamais purement arbitraires, mais ils ne sont pas davantage réductibles à des nécessités purement objectives. Spontanément soucieux de justifications, l'intellectuel qui a renoncé à la bonne conscience du saint et de l'acquéreur de mérites, peut-il se satisfaire de cette autre bonne conscience qui est celle du soldat et du fournisseur de services ?

Quelques pages plus loin Jeanson généralise et caractérise ainsi le théâtre de Sartre dans son ensemble :

[...] Il faut comprendre en effet que chez Sartre le besoin d'en appeler à la liberté des autres est aussi vif, aussi essentiel, que son besoin de les séduire. L'Intellectuel — le prosateur-philosophe — concourt à sa définition au même titre que l'Écrivain — fascinateur en prose, poète par contrebande. Autant dire qu'aucune de ces deux postulations ne saurait le définir même partiellement, et que sa « définition », si l'on croit nécessaire d'en esquisser une, ne pourrait procéder que

Ibid., p. 105-110.

de leur tension dialectique [...] c'est toute l'œuvre de Sartre qui apparaît sous-tendue, dramatisée, par cette dialectique[1].

Cette mutuelle et permanente contestation, en lui, du Philosophe par le Comédien et du Comédien par le Philosophe, par quel autre moyen Sartre eût-il pu l'exprimer aussi totalement qu'au théâtre ? Car la vérité du théâtre c'est de mettre en scène un *dialogue*. Mais la philosophie elle-même est dialogue : elle postule la réciprocité des consciences. Le Comédien, au contraire, ne se donne en spectacle que pour *fasciner*, c'est-à-dire pour être approuvé par des libertés qu'il ne saurait reconnaître comme telles puisqu'il s'emploie précisément à les aliéner : il s'adresse aux autres bien sûr, mais ce n'est point pour dialoguer avec eux, et la seule réponse qu'il en attend est celle de leur bouleversement. Ainsi le théâtre de Sartre nous apparaît-il secrètement hanté par un dialogue fondamental entre l'attitude du Dialogue et celle du Monologue, entre le choix de la réciprocité et le choix de la fascination. Théâtre du théâtral, où le

1. Notons en particulier que la contestation du héros et du magicien est évidente, à partir des exemples mêmes que nous avons cités. On vient de le voir pour le caractère « salvateur » de la poésie chez Genet. Pareillement, puisque Hoederer l'homme vrai et Fred le salaud obtiennent des résultats analogues par la magie du verbe, c'est que — tantôt générosité et tantôt mystification — le langage peut être la meilleure et la pire des choses. Au demeurant, la séduction par la parole se montrera inopérante dans le cas même de Hoederer, lorsqu'il sera menacé pour la seconde fois, quelques minutes plus tard, par le revolver de Hugo. Et comment ne pas relever que, si la parole est parvenue à surmonter la violence en Hugo l'intellectuel, un moment purifié de sa tentation d'héroïsme par sa conversation avec Hoederer, tout au contraire c'est l'efficacité de la parole qui sera niée par la violence, chez Hugo le tragédien (« ... *Je vivais depuis longtemps dans la tragédie. C'est pour sauver la tragédie que j'ai tiré.* »).

spectacle se retourne sur le spectaculaire pour le contester, où le dramaturge — à la fois philosophe de la comédie et comédien de la philosophie — transcende son propre conflit en se faisant Démiurge pour dénoncer le Démiurgique, le théâtre, ici, se récupère totalement, s'identifie à son essence même et peut enfin se refermer sur soi [...].

User de prestiges pour dénoncer le recours au prestigieux, prendre appui sur de faux-semblants pour désigner la vérité, posséder pour mieux affranchir, *séduire pour libérer*, tel est sans doute le ressort fondamental du théâtre sartrien. Il y a là une entreprise qui est parfois assez mal interprétée. Je le dis en tous les sens du terme : Brasseur, par exemple, me semble avoir tant soit peu faussé le rôle de Goetz, en l'infléchissant vers celui d'un tricheur qui aurait *décidé* de tricher, — ce qui tendait à réduire la pièce à son aspect fascinant. Mais si Sartre se préoccupe de fasciner et de séduire, c'est que nous sommes tous, si diversement que ce soit, en situation d'être séduits, et pour de tout autres buts que les siens ; s'il nous viole c'est pour nous contraindre à nous avouer que nous sommes *déjà violés* — et que nous jouissons de l'être. Si les échecs de Goetz peuvent m'atteindre (autrement qu'au niveau d'un pathétique très superficiel), c'est dans la mesure où il y prête la main et où je ne suis moi-même nullement innocent des échecs qu'il m'arrive de subir : *« à moitié victime, à moitié complice, comme tout le monde »*.

Ce que Sartre dénonce, par la magie du spectacle, c'est l'attitude « magique » de l'homme qui s'affecte d'une certaine « foi », se fait posséder par un rôle, par une « mission », et qui ne cesse de s'étourdir et de s'aveugler pour pouvoir *prendre au sérieux* le personnage dont il se trouve ainsi habité. Théâtre de la liberté, le théâtre sartrien est, indissociablement, un *théâtre de la mauvaise foi*. Car la mauvaise foi n'est pas un mal qui tombe sur nous comme par accident : c'est la situation originelle de toute conscience *en tant qu'elle est liberté*[1]. C'est l'*ambiguïté*, le *déchirement*, la *contradiction* qui définissent le statut de notre existence en tant que donnée à elle-même...

2. LUCIEN GOLDMANN : *PROBLÈMES PHILOSOPHIQUES ET POLITIQUES DANS LE THÉÂTRE DE JEAN-PAUL SARTRE.*

Dans le chapitre consacré au théâtre de Sartre, de son livre *Structures mentales et création culturelle* (Paris, Anthropos, 1970), Lucien Goldmann le situe en totalité à l'intérieur d'une période de l'évolution intellectuelle de Sartre qui débuterait après *L'Être et le Néant* et se terminerait avec *Les Mots* (même si cette appartenance n'est pas strictement chronologique, notamment pour *Les Mouches*) et qu'il caractérise ainsi : « ... le problème central et insoluble de l'œuvre sartrienne [est] de concilier, à l'intérieur d'une action qui a pour objet autrui en général et la liberté de la cité en particulier, l'individu avec la communauté et les exigences de la morale avec celles de l'efficacité » (p. 217-218).

S'agissant des *Mains sales* il donne une intéressante interprétation du personnage de Jessica :

1. Précisons : nous « sommes » libres et responsables, mais cela signifie : 1° que nous avons à nous faire tels, 2° que notre condition même rend cette entreprise relativement possible.

Il faut ajouter que Jessica est un des personnages centraux de la pièce — et du théâtre de Sartre en général — le personnage qui incarne l'absolu, les valeurs, le personnage qui sait tout et qui juge. J'ai rappelé que, dans *Huis clos*, Garcin ne pouvait vivre sans le jugement d'Inès qui, dominée par sa passion pour Estelle, refusait d'accepter ce rôle. Dans le cycle des trois pièces dont je parle maintenant, il y a chaque fois un personnage féminin, plus ou moins extérieur à l'action proprement dite, qui détient sur le plan immanent ce que les hommes, et surtout les oppresseurs, avaient faussement attribué à Dieu : le pouvoir de dire la vérité, à la fois sur les plans humain, politique et moral. Dans la pièce, Jessica est en apparence une jeune bourgeoise qui ne sait rien, n'est pas membre du parti, ignore tout de la politique, et que tout le monde traite en enfant. En réalité, elle ne se trompe jamais. Mariée à Hugo, elle ne l'a jamais aimé et ne peut le prendre au sérieux car elle connaît ses faiblesses et sait qu'il n'est pas un homme ; elle le quittera d'ailleurs dès qu'il aura tué Hoederer. Mise en présence de celui-ci, non seulement elle tombe amoureuse de lui en comprenant d'emblée qu'elle se trouve devant un homme authentique, mais elle se rend compte également qu'il a raison sur le plan politique. De même, elle jugera clairement la nature des convictions et de l'amour d'Olga. En ce qui concerne Hugo, bien qu'elle n'ait pas été informée de ses projets, elle découvre le revolver dans la valise, le cache spontanément avant l'entrée des deux gardes du corps de Hoederer venus fouiller leur chambre et formule même par deux fois prophétiquement l'avenir en indiquant que le revolver

Structures mentales et création culturelle, Paris, Anthropos, 1970, p. 239-240

partira tout seul [« Je te dis que le revolver va partir ! » (p. 71) — « Attention ! Attention ! Le revolver va partir ! » (p. 115)]. En laissant de côté les très nombreuses intuitions justes de Jessica qui se succèdent dans la pièce, je mentionnerai seulement le moment où elle dit à Hugo : « [...] je sais quelle est ta maîtresse, ta princesse, ton impératrice. Ça n'est pas moi, ça n'est pas la louve, c'est toi mon chéri, c'est toi-même » (p. 70).

Il faut encore ajouter que si elle protège Hugo par des interventions presque miraculeuses tant qu'elle se rend compte qu'il n'y a pas de risque sérieux que l'assassinat s'accomplisse, elle sentira immédiatement le moment où le danger devient réel et préviendra Hoederer.

Goldmann souligne par ailleurs ce qui serait un décalage entre le sens explicite de la pièce (« le choix de la morale contre la politique ») et la prépondérance scénique de Hoederer qui implique le choix inverse :

Si je laisse de côté les problèmes et les personnages en dernière instance secondaires, l'axe central de l'action se situe autour de la relation entre la morale et la politique, et de l'impossibilité de les concilier. Encore faut-il ajouter qu'il y a dans la pièce deux morales et deux politiques : la morale et la politique dogmatiques, inauthentiques et fausses et la morale et la politique valables, entre lesquelles le véritable engagement est obligé de choisir. La politique fausse, mauvaise, étrangère à toute réflexion propre, se contentant de suivre les directives reçues jusqu'au moment où elles seront explicitement modifiées, est incarnée par Louis et Olga ; la politique valable, fondée sur une analyse sérieuse et indépendante de la situation, par Hoe-

Ibid., p. 237-238.

derer. La fausse morale, qui confond l'éthique et la politique et se limite, elle aussi, à une admiration aveugle pour l'autorité, est incarnée par Hugo tout au long de la pièce ; la morale authentique par ce même Hugo dans la toute dernière scène. Cette distribution crée un certain déséquilibre — important et significatif d'ailleurs — entre la thèse philosophique de la pièce : le choix de la morale contre la politique, et la présence extrêmement réduite du personnage qui incarne ce choix, par rapport à la figure de Hoederer dont la présence domine l'œuvre. C'est pourquoi *Les Mains sales* a été reçue par beaucoup de gens comme une apologie du communisme, alors qu'elle est en réalité une reconnaissance de la validité de celui-ci sur le plan politique et social, mais en même temps son refus au nom de la morale.

Il conclut :

Entre la politique et la morale, Hugo choisit cette dernière, bien qu'il soit parfaitement conscient que ce choix ne lui permet pas de vivre. Sachant que les meurtriers attendent derrière la porte pour savoir s'il va réintégrer le parti ou s'il doit être éliminé, il l'ouvre d'un coup de pied et crie : « Non récupérable » (p. 260).

Ibid., p. 243.

Dans *Les Mains sales*, Sartre choisit la morale contre la politique. Mais j'ai déjà dit que la prédominance de la présence scénique de Hoederer par rapport au Hugo de la fin indique l'importance capitale — et peut-être déjà inconsciemment prépondérante — qu'il accorde à la politique. Par la suite il a, on le sait, rejoint d'assez près le parti communiste (sans en devenir membre), et rédigé un texte jadis célèbre intitulé *Les Communistes et la paix*.

3. DENIS HOLLIER : *ACTES SANS PAROLES*.

Dans cet article, Denis Hollier évoque les rapports du personnage et de l'acteur, dans le contenu même des pièces de Sartre. Nous reproduisons le passage plus particulièrement consacré aux *Mains sales*. Après avoir mentionné les « gants rouges de sang jusqu'au coude » que Oreste attribue à Égisthe dans *Les Mouches*, il poursuit :

Ces gants d'Égisthe sont en effet à l'origine des *Mains sales*, indiscutablement le chef-d'œuvre, avec *Kean*, du théâtre sartrien. L'intrigue des *Mains sales*, d'ailleurs, reprend dans ses grandes lignes celle des *Mouches*. On y voit un jeune homme, Hugo, qui, comme Oreste, décide d'acquérir un poids anthropologique en accomplissant un acte qui, une fois encore, consistera à mettre à mort un homme mûr qui détient une position de pouvoir. Car si Hugo est l'héritier d'Oreste, Hoederer l'est d'Égisthe. Mais le parallélisme des deux pièces s'arrête là, ou plutôt, à partir de là il s'inverse. Car si la jeunesse et le meurtre sont des attributs communs à Oreste et à Hugo, par leurs comportements, c'est au vieil Égisthe que Hugo ressemble aussi fortement que le vieil Hoederer le fait à Oreste. Oreste reprochait à Égisthe la paire de gants rouges qu'il avait arborée après le meurtre d'Agamemnon. Maintenant c'est Hoederer, détenteur exclusif du privilège des mains sales, qui accuse Hugo du même dandysme sanglant. « Des gants rouges, lui lance-t-il, c'est élégant. » Et Hugo lui-même, après qu'il aura tué Hoederer, ne dira rien de bien différent. Dans le dernier tableau de la pièce, on le voit qui revient, deux ans après l'avoir accompli, sur un meurtre dont il n'arrive plus à dire, comme Oreste

Les Temps modernes, « Témoins de Sartre », n° 531-533, octobre - décembre 1990, p. 815-818.

après le sien, « c'est mon acte et il est bon ». Hugo se trouve lui aussi trop léger, lui aussi a des rêves de lest : « J'ai voulu m'attacher un crime au cou, comme une pierre », reconnaît-il. Mais l'enfer de Hugo vient de ce que cette bonne intention ne suffit pas pour transformer en pavé le sang de Hoederer, pour que ce sang devienne pour lui le « précieux fardeau » que celui d'Égisthe avait été pour Oreste. Hugo se désespère au contraire du peu de gravité de son meurtre, un crime qu'il trouve « léger, horriblement léger ». « Il ne pèse pas », se lamente-t-il. « Il n'est pas à moi. » Oreste avait accusé Égisthe d'avoir laissé son crime se dépersonnaliser, de l'avoir laissé lui échapper, devenir le crime de personne. C'est maintenant le tour de Hugo, étonné d'avoir été l'outil d'« un assassinat sans assassin ».

« J'en suis à me demander, explique-t-il à Olga, si je l'ai tué pour de vrai. Si tout était une comédie. J'ai vraiment remué les doigts. Les acteurs aussi remuent les doigts sur les planches. Tiens, regarde, je remue l'index, je te vise. C'est le même geste. Peut-être même que ce n'était pas moi qui étais vrai. » Au milieu de cette réplique, le texte insère une didascalie, imprimée en italiques et placée entre parenthèses. Les mots prononcés par Hugo (« Je remue l'index, je te vise ») y sont suivis de leur écho silencieux précisant à la troisième personne, à l'intention du metteur en scène, que le personnage fait ce qu'il dit au moment même où l'acteur dit ce qu'il fait : (« *Il la vise de la main droite, l'index replié.* »).

Dans ce septième tableau, le dernier des *Mains sales*, c'est le personnage lui-même, c'est Hugo, qui rejoue devant Olga la scène précédente, la quatrième du sixième tableau, celle du meurtre de

240

Hoederer. Mais ce qu'il produit, dans cette mise en scène déréalisante du réel, c'est l'acteur qui alors s'était interposé entre le meurtrier et sa victime, qui avait empêché (comme il le dit) que son meurtre soit réel, soit autre chose qu'un meurtre de carton-pâte. C'est Hugo lui-même, le héros de la pièce, qui prend ainsi la responsabilité de l'incursion, dans la représentation, du support qui la déréalise, c'est lui qui démasque l'acteur qui joue son rôle et dont il n'est pas arrivé à se défaire.

Sartre, propagandiste de la littérature engagée, rappelait à l'écrivain que les mots qu'il utilise sont des pistolets chargés. Mais ses propres pièces, *Les Mains sales* et les autres, montrent au contraire qu'un pistolet, au théâtre, ne fait pas plus de dégâts que des mots. A la fin de *Huis clos*, Estelle se précipite sur Inès, un coupe-papier à la main. L'autre ne bouge pas. Pourquoi te fatiguer, lui dit-elle : « C'est déjà fait. » Ces êtres qui rêvent de mettre en jeu leur vie oublient qu'ils n'ont plus rien à risquer depuis longtemps. On pouvait se demander si l'enthousiasme d'Oreste serait jamais assez fort pour faire oublier aux spectateurs l'acteur qui tient son rôle. Mais, pour les successeurs d'Oreste, pour Hugo et les protagonistes des drames sartriens, cette difficulté ne concerne pas le spectateur, elle les constitue en tant que protagonistes. C'est le protagoniste lui-même, c'est Hugo, c'est Inès, c'est Goetz, qui n'arrive pas à oublier l'acteur qui lui prête son ombre d'existence. Qui n'arrive pas à oublier l'acteur qui, en se déréalisant, déjoue ses propres efforts vers la réalité. Le protagoniste en est réduit à dénoncer lui-même, de sa propre bouche, les structures théâtrales de son énonciation. A jeter

bas les masques de manière à ce que parle enfin
pour soi l'acteur qui jusque-là avait parlé pour lui.
« Tiens, regarde. Je remue l'index. Je te vise. » A
qui faut-il attribuer ces mots extraits du rôle de
Hugo. A Hugo lui-même ou à l'acteur qui tient son
rôle ? Sans même compter Sartre qui les a écrits
et moi qui les cite, au moins deux énonciateurs
sont en position de faire valoir des droits égaux
sur cette première personne.

VI. CHOIX BIBLIOGRAPHIQUE

1. BIBLIOGRAPHIE.

Michel Contat et Michel Rybalka, *Les Écrits de Sartre*, Paris, Gallimard, 1970. Indispensable à qui veut étudier Sartre ou l'une de ses œuvres.

2. BIOGRAPHIE.

Annie Cohen-Solal, *Sartre 1905-1980*, Paris, Gallimard, 1985. La plus ample des biographies de Sartre.

3. INTRODUCTION À L'ŒUVRE DE SARTRE.

Jeannette Colombel, *Jean-Paul Sartre*, t. 1 : *Un homme en situations*, t. 2 : *Une œuvre aux mille têtes*, Paris, Le Livre de poche, coll. Biblio-essais, 1985-1986. Parcours de la vie et de l'œuvre de Sartre. Nombreux extraits de Sartre lui-même, de ses amis, adversaires et interprètes.

Francis Jeanson. *Sartre par lui-même*, Paris, Seuil, coll. Écrivains de toujours, 1955. Prend le théâtre comme axe d'étude.

4. OUVRAGES UTILES À L'ÉTUDE DES « MAINS SALES ».

Simone de Beauvoir, *La Force des choses*, t. 1 et 2, Paris, Gallimard, coll. Folio, 1972. Les mémoires de la compagne de Sartre.

Michel-Antoine Burnier, *Les Existentialistes et la politique*, Paris, Gallimard, coll. Idées, 1966. Une étude historique claire.

Lucien Goldmann, *Structures mentales et création culturelle*, Paris, Anthropos, 1970. Un chapitre sur le théâtre de Sartre par l'auteur du *Dieu caché*.

Denis Hollier, *Politique de la prose*, Paris, Gallimard, 1982. En un style ludique et associatif, fait dialoguer des aspects divers de l'œuvre de Sartre. Un chapitre consacré au thème de la main.

5. OUVRAGES SUR LE THÉÂTRE DE SARTRE.

Outre le livre de Francis Jeanson ci-dessus cité :
Robert Lorris, *Sartre dramaturge*, Paris, Nizet, 1975. Articule dramaturgie et idéologie.
Dorothy Mac Call, *The Theater of Jean-Paul Sartre*, New York, Columbia University Press, 1969. Ouvrage alerte. Un peu superficiel.
Pierre Verstraeten, *Violence et éthique : Esquisse d'une critique de la morale dialectique à partir du théâtre politique de Sartre*, Paris, Gallimard, 1972. Comme l'indique le sous-titre il s'agit exclusivement du contenu du théâtre de Sartre, envisagé dans une perspective philosophique.

6. LIVRES ET ARTICLES CONSACRÉS (AU MOINS POUR UNE PART IMPORTANTE) AUX « MAINS SALES ».

Jean Alter, *Les Mains sales ou la clôture du verbe* dans *Sartre et la mise en signe*, textes réunis par Michel Issacharoff et J.-C. Vilquin, Paris, Klincksieck, 1982. Étude sémiotique de la pièce.
Françoise Bagot et Michel Kaïl, *Jean-Paul Sartre. Les Mains sales*, Paris, P.U.F., Études littéraires, 1985. Approche à la fois structurale et sartrienne de la pièce.
Denis Hollier, *Actes sans paroles, Les Temps modernes*, « Témoins de Sartre », n° 531-533, octobre-décembre 1990. Les rapports du personnage et de l'acteur, à l'intérieur de la fiction dramatique.

TABLE

ESSAI

DOSSIER

ŒUVRES DE SARTRE

Aux Éditions Gallimard

Romans

LA NAUSÉE.

LES CHEMINS DE LA LIBERTÉ, I : L'ÂGE DE RAISON.

LES CHEMINS DE LA LIBERTÉ, II : LE SURSIS.

LES CHEMINS DE LA LIBERTÉ, III : LA MORT DANS L'ÂME.

ŒUVRES ROMANESQUES (Bibliothèque de la Pléiade).

Nouvelles

LE MUR *(Le mur - La chambre - Érostrate - Intimité - L'enfance d'un chef).*

Théâtre

THÉÂTRE, I : *(Les mouches - Huis clos - Morts sans sépulture - La putain respectueuse).*

LES MAINS SALES.

LE DIABLE ET LE BON DIEU.

KEAN, d'après Alexandre Dumas.

NEKRASSOV.

LES SÉQUESTRÉS D'ALTONA.

LES TROYENNES, d'après Euripide.

Littérature

SITUATIONS, I, II, III, IV, V, VI, VII, VIII, IX, X.

BAUDELAIRE.

CRITIQUES LITTÉRAIRES.

QU'EST-CE QUE LA LITTÉRATURE ?

SAINT GENET, COMÉDIEN ET MARTYR (Les Œuvres complètes de Jean Genet, tome I).

LES MOTS.

LES ÉCRITS DE SARTRE, de Michel Contat et Michel Rybalka.

L'IDIOT DE LA FAMILLE, *Gustave Flaubert de 1821 à 1857, I, II et III (nouvelle édition revue et augmentée)*.

PLAIDOYER POUR LES INTELLECTUELS.

UN THÉÂTRE DE SITUATIONS.

LES CARNETS DE LA DRÔLE DE GUERRE *(novembre 1939-mars 1940)*.

LETTRES AU CASTOR *et à quelques autres*

 I. 1926-1939.

 II. 1940-1963.

LE SCÉNARIO FREUD.

MALLARMÉ, *La lucidité et sa face d'ombre*.

ÉCRITS DE JEUNESSE

Philosophie

L'IMAGINAIRE, *Psychologie phénoménologique de l'imagination*.

L'ÊTRE ET LE NÉANT, *Essai d'ontologie phénoménologique*.

CAHIERS POUR UNE MORALE.

CRITIQUE DE LA RAISON DIALECTIQUE *(précédé de* QUESTIONS DE MÉTHODE), I : *Théorie des ensembles pratiques*.

CRITIQUE DE LA RAISON DIALECTIQUE, II : *L'intelligibilité de l'Histoire*.

QUESTIONS DE MÉTHODE (collection « Tel »).

VÉRITÉ ET EXISTENCE, texte établi et annoté par Arlette Elkaïm Sartre.

SITUATIONS PHILOSOPHIQUES (collection « Tel »).

Essais politiques

RÉFLEXIONS SUR LA QUESTION JUIVE.

ENTRETIENS SUR LA POLITIQUE, avec David Rousset et Gérard Rosenthal.

L'AFFAIRE HENRI MARTIN, textes commentés par Jean-Paul Sartre.

ON A RAISON DE SE RÉVOLTER, avec Philippe Gavi et Pierre Victor.

Scénario

SARTRE, un film réalisé par Alexandre Astruc et Michel Contat.

Entretiens

Entretiens avec Simone de Beauvoir, *in* LA CÉRÉMONIE DES ADIEUX de Simone
de Beauvoir.

Iconographie

SARTRE, IMAGES D'UNE VIE, album préparé par L. Sendyk-Siegel, commentaire
de Simone de Beauvoir.

DANS LA MÊME COLLECTION

À PARAÎTRE

*Composé par Aubin Imprimeur et achevé d'imprimer
par l'imprimerie Maury-Eurolivres S.A. – 45300 Manchecourt
le 1er octobre 1991
Dépôt légal : octobre 1991
Numéro d'imprimeur : 91/09/M0122*

ISBN 2-07-038441-1